實驗教育的理論與實務

顏士程　著

五南圖書出版公司 印行

作者簡介

顏士程

學歷

國立嘉義大學國民教育所教育學博士

國立彰化師範大學特殊教育碩士

國立臺中教育大學語文教育學士

省立嘉義師專國師科

現職

彰化縣愛因斯坦實驗教育創辦人兼校長

彰化縣愛因斯坦實驗教育學會理事長

彰化縣賽德科學教育學會理事長

彰化縣私立士賢國際中小學籌備校長

經歷

國小教師 11 年、國小主任 5 年、國小校長 14 年

彰化縣文昌國小、海埔國小、南郭國小校長

創辦彰化縣海埔國小、南郭國小附設幼稚園兼園長

彰化縣中小學校長協會理事長

中州科大幼保系專任助理教授

國立嘉義大學彰化縣校友會理事長

彰化縣國小校長「上上讀書會」創會會長

邦泰複合材料股份有限公司監察人

常春藤高中董事

小可艾托嬰中心創辦人

愛因斯坦實驗小學創辦人兼校長

愛因斯坦實驗國中創辦人

私立士賢國際中小學創辦人兼籌備校長

私立士賢幼兒園創辦人

著作和榮譽

顏士程（1989）。國小童話創作精選。臺南：晨光出版社。

顏士程（1990）。國小閱讀測驗引導。臺南：晨光出版社。

顏士程（1992）。國小習作作文實力養成二冊。臺南：晨光出版社。

顏士程（1993）。國小數學推理智力測驗。臺南：晨光出版社

顏士程（1999）。學校演講致詞集。高雄：復文出版社。

顏士程（2001）。創意學習校園。彰化：臺聯出版社。

顏士程（2006）。測驗分數的因素效度考驗：一階 CFA 模式。載於李茂
能著，結構方程模式軟體 Amos 之簡介及其在測驗編製上之應用（頁
203-226）。臺北：心理出版社。

顏士程（2010）。學校教育創新與反思。桃園：茂祥出版社。

顏士程、劉明揚（2012）。人際關係與溝通。臺中：鴻林出版社。

顏士程、劉明揚、（2012）。職場倫理。臺中：鴻林出版社。

顏士程等（2012）。幼兒園教材教法。臺北：華騰出版社。

顏士程、李英中、鄭孟忠、陳世穎（2012）。教保專業倫理。臺北：華
騰出版社。

顏士程（2012）。臺灣幼兒園發展史。臺北：華騰出版社。

顏士程等（2014）。生涯規劃與發展。臺北：華立出版社。

顏士程等（2014）。幼兒園課室經營。臺北：華騰出版社。

顏士程等（2014）。幼兒教保概論。臺北：華騰出版社。

顏士程等（2015）。幼兒家庭與社區。臺北：華騰出版社。

顏士程等（2015）。幼兒發展。臺北：華騰出版社。

顏士程等（2016）。幼兒行為觀察與記錄。臺北：華騰出版社。

顏士程等（2016）。國際禮儀。臺中：智翔出版社。

1989 年榮獲臺灣省第二屆兒童文學獎

1993 年榮獲彰化縣特殊優良教師

2002 年榮獲教育部青少年輔導計畫有功人員

2002 年榮獲能源教育推動全國第一名

2002 年推動讀經教育榮獲總統召見表揚

2003 年推動潔牙活動榮獲全國第三名

2003 年榮獲全國推動輔導工作績優學校

2003 年榮獲彰化縣特殊優良校長

2007 年榮獲彰化縣國中小校務評鑑特優

2007 年榮獲國立嘉義大學傑出校友

2011 年獲聘建國科技大學卓越計畫「大師典範與創意領導」講師

2011 年獲聘國立嘉義大學 100 年度傑出校友遴選委員

2011 年獲聘雲林縣青溪新文藝學會顧問

2012 年獲聘彰化縣 101 學年度公立幼兒園教保服務人員口試委員

2012 年獲聘彰化縣音樂教育基金會顧問

2016 年當選彰化縣愛因斯坦實驗教育學會理事長

2017 年辦理愛因斯坦實驗教育績優，獲彰化縣政府評鑑通過

2019 年獲聘彰化縣 109 學年度公立幼兒園教保服務人員口試委員

2019 年獲聘南投縣 109 學年度公立幼兒園教保服務人員口試委員

2020 年辦理愛因斯坦實驗教育績優，獲彰化縣政府評鑑特優

2021 年創辦士賢國際中小學獲彰化縣政府准予籌設

2021 年當選彰化縣賽德科學教育學會理事長

2021 年獲聘南投縣 110 學年度公立幼兒園教保服務人員口試委員

推薦序

　　近來實驗教育理念勃興，其實踐如火如荼蓬勃發展。教育乃利己達人、成人之美希望工程。實驗教育引領教育創新，爲希望工程重中之重。實驗教育培育新思維、新人才、新文化，緊繫理想信念，爲最有價值之教育創新。

　　實驗教育關乎開放、多元、彈性、民主、鬆綁、解放、前瞻、創新、進步等理念，緊扣開放、多元、文明、卓越之人才培育議題。實驗教育回應因材施教，適性教育意旨，尊重個體認知、語言、讀寫能力發展；社會、道德、情緒發展；多樣性潛能發展等個別差異、適性發展之人性價值。其發展遠溯歐美先進國家蒙特梭利學校、華德福學校、夏山學校；近源國內森林小學、種籽學苑、雅歌實驗學校、慈心華德福實驗小學、磊川華德福實驗小學等，多元奔放，民間對實驗教育需求殷切，終至倡議實驗教育三法。

　　教育創新實驗有賴法案訂定及政策推動，實驗教育三法依據《教育基本法》精神立法，旨在彰顯學生學習權及家長教育選擇權。2014年底，實驗教育三法立法通過，宣示實踐多元教育理念，教育多樣化途徑，有學校型態、非學校型態，以及公辦民營實驗教育之取徑，教育多元型態共存，多樣型態共榮，尊重學子個別差異、興趣需要之獨特性，因材施教、適性教育、適性發展，各得其所。

　　《實驗教育的理論與實務》一書，係顏校長士程博士多年教育專業實踐觀察反思，創辦「愛因斯坦實驗教育機構」學思歷程之經驗分享。「愛因斯坦實驗教育機構」三大實驗主軸：英語教學、品德教育、發明課程，反映當今實驗教育主流趨勢。首先，申請實驗教育類別以雙語教學與國際教育最多，「海內存知己，天涯若比鄰」地球村時代，英語實驗教學適足以促進接軌國際教育。其次，品德乃做人根本，品德教育培育厚德之人，「厚德載物」以己立人，己達達人。

厚德者，孝、悌、五常也。五常爲仁、義、禮、智、信，而「知和曰常，知常曰明」、「復命曰常，知常曰明，不知常，妄作兇。」可見品德教育之重要。再次，發明課程體現「天行健，君子以自強不息」創造精神，創造創新發現美好，發現價值。發明課程反映天道自強不息之創造精神，品德教育培育厚德載物之人，英語教學接軌國際教育促進天涯若比鄰地球村，乃由內而外，自個人、他人而世界，統合天道、地道、人道之創新實驗教育，爲教育創新實踐之典範。

　　顏校長士程博士經驗分享之《實驗教育的理論與實務》一書，對實驗教育內涵與源起、發展與現況、實驗教育三法、對教育體制之衝擊、運用之困難、未來發展與展望等，皆有鞭辟入裡之剖析。再者，該書探析實驗教育之申辦流程，以及實務運作實例，彰顯實驗教育創新文化與核心價值，誠爲實驗教育他山之石。《實驗教育的理論與實務》一書結合理論與實務，爲實驗教育提供學理基礎與實踐實務，用於入門、深究、實踐等皆有可供借鏡之處。本書除可作爲大學相關課程教材、實驗教育研究學術文獻、中小學創新教育借鑑，中小學校長主任甄選、教育行政政策制定與推動，更可作爲實踐實驗教育之參考，故樂爲之序。

國立雲林科技大學技術及職業教育研究所／博士班 教授

謝文英 博士 謹識

2022.04.05

作者序

　　從事教育工作四十年，擔任國小校長二十幾年來，我常自傲的一件事，就是看到孩子，就可以猜出他讀國小幾年級？當家長帶孩子在我面前，看孩子的眼神，就可以知道這孩子聰明不聰明？我常開玩笑地說：孩子看多了！

　　由於孩子看多了，我也看到許多孩子在體制內不適應，成為教室的客人。那種枯坐的無聊，真讓擔任校長的我，感到萬分的無助與無奈！

　　唐鳳就是一個典型的例子，連換6所學校，唐鳳跟同年齡的同學相處上很有困難，甚至遭到忌妒，被他的同學圍毆，母親帶著他一連換了6所學校。

　　103年11月19日立法院通過一個超級大法「實驗教育三法」，它讓臺灣教育大鬆綁，它把體制內之束縛都解放了，教育史上從未有這麼寬鬆的辦學環境，我們剛好躬逢其盛。

　　實驗教育強調孩子學習自主性，以及發展孩子的專業科目，行行出狀元，社會將尊重孩子的興趣與需要。喜歡藝術創作，擁有藝術潛能的孩子，他可以選擇藝術方面的實驗教育。像曾雅妮網球天分、林昀儒桌球天分的孩子，亦可在家自行教育，辦理個人實驗教育，從小聘請大師來教學，這些都是體制內學校做不到的，如今因為實驗三法，都將可以實現。

　　實驗教育，讓家長可以選擇自己要的教育內容及方式。

　　實驗教育，讓學生可以自主的選擇學習什麼？

　　實驗教育，讓有志另類教育者一個揮灑的辦學空間。

　　實驗教育，讓教育體制不再是「統一麵」！

Contents

貳、實務篇

表目錄

圖目錄

壹、理論篇

第 1 章

實驗教育的內涵與源起背景

早在 20 世紀初，歐美即進行教育改革運動。1907 年蒙特梭利（M. Montessori）在羅馬成立了兒童之家，四年後發展為第一所蒙特梭利學校；1918 年史代納（R. Steiner）在德國創立第一所華德福學校，上述兩所學校可謂當初另類教育（alternative school）的濫觴，也就是實驗教育的起源。

而臺灣卻從 20 世紀末才開始實驗教育萌芽。1984 年於宜蘭辦理假日森林小學，1990 年人本教育基金會創立森林小學、1994 年李雅卿女士創辦種籽學苑，均為歐美另類學校的思潮漣漪，而後引起國內教育改革的浪潮。因此欲了解實驗教育，必須先從其內涵及緣起背景著手。

因此本章第一節介紹實驗教育的內涵，第二節介紹實驗教育的國內代表人物唐鳳，第三節介紹國際實驗教育的源起，第四節再介紹臺灣實驗教育的源起。

第一節　實驗教育的內涵

21 世紀是全球化的時代，面對全球快速流通的資訊、變化萬千的科技，我們很難只用單一或統一的教育就教會孩子多元的能力，因此產生了實驗教育。在適性發展的角度上，實驗教育的尊重個體發展以及教育多元性，是比體制內的單一教育環境，較能保障學生的學習權，也保障家長的選擇權，就是能讓家長為孩子選擇理念相同、或教育方式相似的實驗教育（虎豹媽咪，2020）。

早在 1894 年，杜威就與當時的芝加哥大學校長建立了一所實驗學校（laboratory school），杜威的確是把該所學校當作一間教育實驗室。依照杜威的哲學思想，教育實驗背後的精神是實驗主義，而且和民主理想的推進密切相連。杜威指出學習歷程涉及三大關鍵因素（Dewey, 1902）：1. 學習者的特性（例如：興趣與心理發展等），2. 社會的最高價值（例如：民主、合作與包容等），3. 各科目的代表性知識；這三大因素相互關聯，也是課程與教學的核心考量。

　　實驗教育（experimental education）是什麼？依據行政院官方說法：實驗教育是一種和主流體制不同的教育，指政府或民間為促進教育革新，在教育理念的指引下，從而探究與發現改進教育實務的作法（教育部，2015）。

　　吳清山、林天祐（2006）對實驗教育的看法：實驗教育係指政府或民間為促進教育革新，在教育理念的指引下，以完整的教育單位為範圍，在教育實務工作中採用實驗的方法與步驟，探究與發現改進教育實務的原理、原則與作法。

　　真正的實驗教育的內涵，依學校型態與非學校型態之法源，可以綜合以下兩項：

一、高級中等以下教育階段非學校型態實驗教育實施條例

　　第一條為保障學生學習權及家長教育選擇權，提供學校型態以外之其他教育方式及內容，落實《教育基本法》第八條第三項及第十三條規定，特制定本條例。

　　第三條本條例所稱非學校型態實驗教育（以下簡稱實驗教育），指學校教育以外，非以營利為目的，採用實驗課程，以培養德、智、體、群、美五育均衡發展之健全國民為目的所辦理之教育。

二、學校型態實驗教育實施條例

　　第一條就指出為鼓勵教育創新，實施學校型態實驗教育，以保障人民學習及受教育權利，增加人民選擇教育方式與內容之機會，促進教育多元化發展，落實《教育基本法》第十三條規定，特制定本條例。

　　第三條「指依據特定教育理念，以學校為範圍，從事教育理念之實踐，並就學校制度、行政運作、組織型態、設備設施、校長資格與產生方式、教職員工之資格與進用方式、課程教學、學生入學、學習成就評量、學生事務及輔導、社區及家長參與等事項，進行整合性實驗之教育。」

從上述兩個法條的立法目的，可以歸納出**實驗教育**的內涵為：

「**實驗教育**是為保障教育的學習權和選擇權，增加人民選擇教育方式與內容之機會，採用實驗課程，進行整合性實驗之教育。」

因此從上述定義，可以了解實驗教育有以下幾個特點：

1. 它的**屬性**是一種別於主流教育的教育。
2. 它的**精神**是強調鬆綁和反單一。
3. 它的**目的**是要改進教育實務和革新。
4. 它的**方式**是政府和民間都可以辦理。
5. 它的**內容**是是可以採用實驗課程。

而自從 103 年立法實施實驗教育以來，我們也發現社會各界及當事者對實驗教育有以下盲點與迷思：

1. 不是審查委員所**辦理**的實驗教育，才是實驗教育。
2. 不是把孩子當成白老鼠來實驗的教育。
3. 不是整天可以玩、不學習的教育。
4. 不是補習教育，只做課後輔導的教育。

第二節　唐鳳的故事

大家提起唐鳳這人，都知道他是國內最年輕的跨性別政務委員，但是如果與實驗教育連結，他卻是實驗教育具有代表性的角色。

唐鳳，1981 年出生，從小就是天才兒童，5 歲就能閱讀各國經典，小一已可以解聯立方程式。從小喜愛數學的他，無意間在家裡發現一些程式設計的書。他立刻被書中的內容吸引，但當時手邊沒有電腦，為了學習程式設計，他便在紙上手繪鍵盤與螢幕，並寫下按鈕與電腦可能輸出的內容，模擬著各種案件與反應。這讓他不用透過電腦，就學會了程式設計。父母也在不久後買了一臺電腦給他，幾個月後，他為弟弟開發教育軟體，也是他寫的第一個應用程式，之後持續在家自學電腦與軟體，漸漸有了「網路神童」的稱號。

　　連換 6 所學校，他體認到學習有更多方式。正因爲太過聰明，唐鳳跟同年齡的同學相處上很有困難，甚至遭到忌妒，被他的同學圍毆，母親帶著他一連換了 6 所學校，甚至隨著爸爸到德國唸過書。

　　就在進入國中不久後，全球資訊網被發明出來，他開始體認到學習不是只能上學，而是有更多不同的可能。因此在媽媽的支持下，14 歲就走上自學之路，讓他最高學歷只有國中肄業。當其他人還在追求高分時，他已經成爲網路創業家（投資網誌，2022）！

　　在教育現場裡，如果連換 6 所學校，一定是適應不良的學生，也是體制學校頭痛分子。自從有學校以來，試想有多少孩子，因爲不適應體制內制式的學校規範，而對學習不適應、不愉快，嚴重者中輟亦不在少數！

　　唐鳳，換 3 所小學後，就讀直潭國小時，獲校長特准，三天到校外學兒童哲學與數學，就讀北政國中時，經校長特准，大部分時間不必到校，轉而到政治大學旁聽希臘哲學、分析哲學與文學課程，奠定了日後在語言學的扎實根基。

　　不只唐鳳，曾雅妮、周俊勳也都是自學生，唐鳳和當年的曾雅妮（高爾夫球）、周俊勳（圍棋）的共同特色，是自小就知道自己熱愛的專長，且都不願意壓抑或耽誤專長的學習，並得到家長與學校的全力支持後，採取在家自學，經過多年努力後，終於成爲國際上的傑出專才（唐光華，2016）。

　　由於傳統體制內學校的教育運作，難以應付學生間的個別差異需求，因此隨著家長教育選擇權的興起，唐鳳的故事，就是實驗教育興起的時代人物，也讓社會各界注意到實驗教育的存在！

第三節　國際另類教育的發展～夏山學校

　　根據百科全書（2022）的敘述：早在 20 世紀初，歐美即進行教育改革運動。1907 年蒙特梭利（M. Montessori）在羅馬成立了兒童之家，四年後發展爲第一所蒙特梭利學校；1918 年史代納（R. Steiner）在德國創立第一所華德福學校，上述兩所學校可謂當初另類教育（alternative school）的濫觴，先後

遍及歐洲國家。而真正發展成熟的，以夏山學校最具代表性！

　　尼爾（A. S. Neill）於1921年創辦夏山學校，校址在英格蘭東薩佛郡的里斯敦村（Leiston, Suffolk），離倫敦約有一百英里。

　　夏山學校起初是一所實驗學校，但今日的它已不是實驗學校，而是一所革新的學校，充滿了自由的活力。當初尼爾與妻子一起開辦學校所持的共同理念，就是「創造一個不是讓孩子們來適應學校，而是去適應孩子的學校」。學校應該使兒童學習如何去生活，而不只是知識的傳授。

　　夏山學校是一所讓孩子們能真正自由生活的場所，完全捨棄訓練、命令、要求、道德與宗教教育。尼爾主張孩子們的本性是善良的，而且聰明、實際，大人只需讓孩子們依自己喜歡的方式去做，照自己的能力去發展，也就是依自己的才能、志趣，想成為學者便去做學者，而適合當清道夫的，也可成為清道夫。夏山學校就是基於這種理念去教育學生，尼爾認為與其培育不快樂的學者，不如培育快樂的清道夫。

　　以下就夏山學校之教育目標、教學方法、學習環境、教室管理、及師生關係加以說明：

一、**教育目標**：在適應個別兒童的需要，以培養其自動學習的能力。

二、**課程與教材**：教師布置學習情境，兒童的學習以個人的經驗為基礎，是一種個別化而富彈性的學習方式。

三、**教學方法**：採彈性課表與混齡編組的學級組織，學習的基本原則是自由、責任與信任，除了知識的學習外，強調情意教育，學生有機會決定自己的學習課程，負起安排與完成自己學習的責任。

四、**學習環境**：學校建築及使用概念創新，學習的空間不再限於傳統的教室，它的學習是走出教室之外，甚至學校之外。

五、**教室管理**：教室的管理以學生是否有學習意義為原則，因此學生可以在不妨害他人學習的前提下，自由的走動或工作；校長尊重教師的人格與專業自由，教師可以自行從事實驗工作，自行負責教學，並有權選擇課程與教材。

六、**師生關係**：教師所扮演的角色，由傳統權威中心、灌輸式教學到處於

輔導的立場，因此教師必須對教室內外自我負責，必須自我學習與自我充實，提供學生學習的機會，由於教師的眞誠、溫暖與尊重，師生的關係相當密切。

因爲夏山學校有別於傳統學校，有時被稱爲另類學校，而該學校之經營有以下的特點：

一、學生年齡不拘

尼爾時代的夏山學校的兒童入學年齡從 5 至 15 歲均有，通常學生在 16 歲左右離開校園。學生人數大致維持男生 25 名，女生 20 名。

孩子們依年齡分成三班，年紀最小的 5 至 7 歲爲小班，8 至 11 歲爲中班，最年長的 11 至 15 歲爲大班。學生來自美國、德國、荷蘭、斯堪地那維亞、英國等國家。夏山學校學生的學習，採混齡上課。

二、出席上課自由

孩子們可以憑自己的意願出席，不論缺課多久也不會受到責罰。但選課後不去上課就會被除名，其他學生有權利把他請出教室。雖然訂有課程表，但那只是爲教師準備的。

班級通常是依孩子們的年齡分班，但有時也依孩子們的興趣，而且不特別採用新的教學法。

從幼年即就讀夏山學校的孩子，一開始就會樂於上課。但由其他學校轉來的孩子，通常討厭上課，他們會先到處玩耍、騎腳踏車、做自己喜歡做的事情，而這種情況有可能長達數個月。最長的紀錄，是由一名從教會學校轉來的女孩子所創下的，這位女孩缺課長達三年，平日無所事事地到處遊蕩。

三、建立學生的自信

在現實社會中，學問並非是最主要的，自信才是重要的。所以在夏山學校，不會重視學生的功課，學生在追求問題解決時，獲得成功，自己有了信心是最重要的。

四、無正式的考試

尼爾和其他老師都相當厭惡考試，甚至認為大學入學考試應受詛咒。但是夏山學校並非不教考試必要的科目，只要入學考試制度存在，就不得不授課，因而夏山的老師們也教授因應入學考試的科目。

夏山沒有正式的考試，而是以輕鬆談話的方式測驗學生。問題一點也不難，可以讓孩子自由地寫出答案。大致上新入學的孩子們較無法寫出令人滿意的答案，這並不是因為他們頭腦不好，而是長久處於傳統、嚴肅的生活形態之下，無法寫出富有變化的好答案來。

五、去權威主義

在夏山，教師與孩子同樣被尊重，同樣擁有自己的尊嚴。教職員與兒童的餐飲相同，同樣得遵守同一團體的規則，因為孩子們是絕對不會忍受教職員們擁有特權的。

尼爾說：孩子的本性必須受到應有的尊敬，而大人的干涉與指導，不過只是製造了順從他們命令的機器人而已。強制孩子學音樂或學其他科目，除非把孩子變成沒有意志，讓孩子安於接受。大人只是為了因應社會需要把孩子培育成安於坐在辦公桌，站在店裡面售貨，乘早班車上班以求不遲到等等機械式行動的人。簡單地說，社會就是由這許多膽怯的人所維持，然後大人再把這種現況傳達給孩子，更甚者以這樣的方式教育孩子，這是大多數人的想法。

由蒙特梭利學校、華德福學校、以至於於夏山學校，對於後來的臺灣實驗

教育，有莫大的影響。早期森林小學，華德福學校，蒙特梭利學校的辦學內容，基本上承襲國際另類教育的精神與內容，上課無教科書、混齡編組、上課自由、無紙筆測驗，對於體制內按表操課制式編組、科層體制運作，確實造成極大的反差與衝擊！

第四節　臺灣實驗教育的源起

受到尼爾夏山學校的影響，臺灣最早在 1984 年於宜蘭辦理假日森林小學，1990 年人本教育基金會創立森林小學、1994 年李雅卿女士創辦種籽學苑，均爲歐美另類學校的思潮漣漪，而後引起國內教育改革的浪潮，包括《師資培育法》修正、成立教改會等，提供學生主流學校之外的其他選擇（唐宗浩、李雅卿、陳念萱，2016）。

1989 年人本教育基金會向社會宣告決定開辦「森林小學」，1990 年以「籌設森林小學期前教學研究計畫」與臺北縣政府合作，開始創辦森林小學。國際間的另類教育思潮於臺灣萌芽 1994 年 4 月「四一○教改」遊行，其中一項訴求爲制定《教育基本法》，相當於教育憲法，針對教育的目的有明確的規範並提出教育自由、師資多元等說明，藉此推波助瀾將另類教育本土化正式推進，於我國民主化過程中展現教育的多元性。

1994 年一群關心教育的家長在李雅卿女士的號召下，展開了一場官民合作的教育實驗。於當年的 2 月 25 日毛毛蟲親子實驗學苑（現在的種籽親子實驗小學）舉行開學典禮，成爲國內體制外教育的先驅之一（種籽，2020）。

1996 年，位於臺北市，有一批家長爲了表達孩子可以在家自行教育（homeschooling）的意願，從一開始的不得其門而入，到多方奔走並經由不同的管道，終於在 1997 年臺北市政府教育局擬定「臺北市 86 學年度國民小學學童申請在家自行教育試辦要點」（吳清山，2011）。

1999 年《國民教育法》修訂，非學校型態實驗教育取得法源，2014 年實驗教育三法公布，讓實驗教育成爲現行教育體制的一環，將非學校型態的實驗

教育分為「實驗教育機構」、「自（共）學團體」與「個人在家自家」（教育部，2015）。

　　實驗教育分為機構、團體、個人三種類別，不外乎是為了提供家長彈性且更多元的教育方式。2017 年教育部實驗教育推動中心成立，代表著教育改革又邁向新的里程碑，尤其於 2018 年總統公布實驗教育三法修正案後，讓實驗教育辦學與教學者有更大的自主空間，使得實驗中學等如雨後春筍在各地蓬勃興起（林海清，2016）。2014 年 11 月底，實驗教育三法公布後，實驗學校數乃快速成長，從 2015 年的 71 家，至 2021 年全臺已超過 250 家實驗學校，表示原先只是小眾的教育選擇時，開始有愈來愈多家長對實驗教育感到好奇（許家齊，2021）。

　　臺灣的在家自行教育逐漸受到家長們的重視，但參與實驗教育的人數逐年增加，表示實驗教育的多元教育理念與豐富的教育生態，獲得家長的認同。近十年來，國內實驗教育可以說是多采多姿，蔚成社會一股風潮。連各縣市校長甄試，都必考實驗教育題目，其受重視情形，可說是當前教育的顯學。

本章小結

　　由以上各節之介紹，可以了解實驗教育的興起，是有其時代脈絡背景的。先從 20 世紀初，歐美創立蒙特梭利學校、華德福學校及夏山學校開始。至 20 世紀末，臺灣實驗教育開始萌芽，而唐鳳是一個臺灣典型實驗教成功的例子。從實驗教育的緣起背景，了解民間對實驗教育的需求甚殷，要求 2014 年實驗教育三法立法，而從立法之內容，就可以充分了解實驗教育的內涵及其意義。

參考文獻

百度百科（2022）。**夏山學校**。線上檢索日期：2022 年 3 月 2 日。取自網址：https://baike.baidu.com/item。

投資網誌（2022）。**走過被圍毆的童年，唐鳳**。線上檢索日期：2022 年 3 月 2 日。取自網址：https://www.cmoney.tw/notes/note-detail.aspx?nid=61732。

吳清山、林天佑（2006）。**教育新辭書**。臺北：高等教育文化事業有限公司。

吳清山（2011）。非學校型態實驗教育的新紀元。**師友月刊，第 531 期**，頁 53-57。

虎豹媽咪（2020）。**實驗教育是什麼？10 個面向讓你更了解實驗教育**。線上檢索日期：2022 年 3 月 2 日。取自網址：https://hbmomshare.com/what-is-experimental

林海清（2016）。實驗教育向前行。**師友月刊，第 593 期**，頁 14-20。

唐光華（2016）。**在家自學的浪漫與現實—唐鳳父親的 20 個提醒**。線上檢索日期：2022 年 3 月 2 日。取自網址：https://www.parenting.com.tw/article/5071976

唐宗浩、李雅卿、陳念萱（2006）。**另類教育在臺灣：另類學園參訪紀實與另類教育思考**。唐山。

教育部（2015）。**教育發展新契機—實驗教育三法**。線上檢索日期：2022 年 3 月 2 日。取自網址：https://www.edu.tw/news_Content.aspx?n=9E7AC85F1954DDA8&s=C

許家齊（2021）。**實驗學校校數成長漸緩，辦學挑戰多**。線上檢索日期：2022 年 3 月 2 日。取自網址：https://feature.parenting.com.tw/alternativeedu2019。

黃政傑（2020）。前瞻非學校型態實驗教育。**師友月刊，第 527 期**，頁 1-4。

種籽（2020）。**種籽緣起與歷史**。線上檢索日期：2022 年 3 月 2 日。取自網址：http://seedling.tw/。

Dewey, J. (1902). *The child and the curriculum*. Chicago, IL: University of Chicago Press.

Dewey, J. (1916). *Democracy and education*. New York, NY: Free Press.

第 2 章

臺灣實驗教育的發展與現況探討

　　臺灣的實驗教育自從 2014 年立法通過，參與的學生數急速成長。學生數近 2 萬人，五學年間參與學生數增加 1.4 萬人或 2.7 倍。由於參與學生人數急速增加，引起國內教育一股變革浪潮。教育研究者莫不對實驗教育之興起，產生莫大的研究興趣。歷屆國中小校長主任甄試，都會有實驗教育的考題，儼然成為當今教育改革之顯學。

　　因此本章第一節介紹臺灣實驗教育的發展，分為萌芽期、發展期、茁壯期；第二節介紹臺灣實驗教育目前發展的現況。

第一節　臺灣實驗教育的發展

　　臺灣實驗教育的發展演變，基本上 1999 年《教育基本法》及《國民教育法》之修訂是實驗教育重要分水嶺，而 2014 年實驗教育三法立法通過亦是第二個重要里程碑。

　　臺灣實驗教育，在 1999 年之前，是基於家長追求學習權和選擇權的需要，沒有法源的保障，家長必須衝撞體制，可說是非常艱辛。而在 1999 年後母法已容許試辦實驗教育，漸趨發展成熟。實驗教育的改革階段與分野，如表 2-1。

表 2-1
實驗教育改革階段與分野表

項目說明	法治型塑期：1999 年之前	推動擴充期：1999 年之後至現今
另類教育與實驗教育學校與中心之成立	1984 年宜蘭假日森林小學創辦。 1990 年人本基金會創辦森林小學。 1994 年種籽實小成立。 1995 年全人實驗中學創立。 1997 年雅歌實驗學校成立。 1999 年苗圃彰化社區合作學校（後更名為苗圃蒙特梭利中小學）	2000 年慈心華德福實驗小學創立。 2002 年磊川華德福實驗小學創立。 2005 年臺灣另類教育學會創辦。 2017 年教育部實驗教育推動中心成立。

項目說明	法治型塑期：1999 年之前	推動擴充期：1999 年之後至現今
政府立場	嘗試進行教育改革、鼓勵多元思潮	面對體制內、外的聲浪，收回部分給予地方政府的自治事項，由中央主管機關制定準則，地方因地訂出適宜的相關條例，在保障學生學習權益下，給予有限度的自由多元。
倡議名詞	另類學校、教育實驗、實驗教育	另類教育、實驗教育
重要法案通過	一、1982 年《強迫入學條例》修正。 二、1997 年《臺北市國民小學適齡學童申請在家自行教育試辦要點》。 三、1999 年《教育基本法》通過、《國民教育法》第四條修訂。	一、臺北市、彰化縣、宜蘭縣、臺中縣市、臺東縣、屏東縣、新竹縣、苗栗縣、花蓮縣、澎湖縣於期間陸續通過實施地方《非學校型態實驗教育辦法》。 二、2011 年《國民教育階段辦理非學校型態實驗教育準則》與《高級中等教育階段辦理非學校型態實驗教育辦法》。 三、2014 年「實驗教育三法」。 四、2017 年「實驗教育三法修正草案三讀通過」。

資料來源：引自黃郁婷（2021）。

　　但是在 2014 年，實驗教育三法立法通過，這在臺灣實驗教育發展史，卻是更重要的里程碑。作者依此重要分水嶺，將臺灣實驗教育的發展分為三個時期，分別為萌芽期、發展期、茁壯期。「萌芽期：1999 年以前」、「發展期：1999 至 2013 年」、「茁壯期：2014 年以後」。

一、萌芽期：1999年以前

　　1987 年戒嚴之後，人民權利意識抬頭，在政治上爭取言論自由及集會結社自由，但在教育制度上卻還是相對保守，且出現許多弊端，人民對於教育

的領域開始有了新的想法及觀念，並在 1990 年拉開我國體制外實驗教育的序幕，由人本基金會創立了森林小學。1994 年「四一〇教育改革」大遊行，民間向政府表達對現有教育體制不滿，掀起了一波教育改革的浪潮。從 1994 年開始，各類型的實驗教育學校興起。如：1994 年種籽學苑、沙卡學校，1995 年全人教育實驗中學成立，1996 年成立雅歌實驗小學，1998 年北政國中自主學習實驗教育，1999 年苗圃彰化社區合作學校成立（王雅慧，1997）。

另一方面，於 1997 年臺北市數名家長在參加臺北市政府「與市民有約」向市政府表達想實行在家教育的意願，亦向市議會表達訴求，在舉辦公聽會及座談會後，臺北市政府教育局擬定《臺北市 86 學年度國民小學學童申請在家自行教育試辦要點》，希望透過試辦和評估方式實施。一年後試辦效果良好，又因媒體報導，後來陸續在臺北縣、新竹縣、桃園縣及花蓮縣皆有家長向各縣市政府教育局提出試辦需求（吳清山，2005）。

這個時期可說是實驗教育的萌芽期，政府還沒有立法的法源，家長想要辦理實驗教育，必須冒著違法的顧慮。但有些家長，實在因為自己的孩子不適應學校的生活、不適合留在學校，因此苦無辦法，只好提出要在家自行教育或脫離學校的學習，也因此讓政府不得已開始重視，因而立法，依法，家長得自由選擇受教育的方式與內容。

二、發展期：1999至2013年

此時期由於體制外實驗教育學校紛紛成立，以及在家教育的人數逐漸增多，政府相關法令已難以規範，教育主管機關對於實驗教育學校的態度有所轉變，不再採取消極的防堵，改採積極的輔導。適逢《國民教育法》修正工作正在進行，為使這些型態的教育合法化，乃透過朝野協商的方式，將非學校型態的實驗教育納入修正條文中（吳清山，2005）。

實驗教育在各方的努力之下，於 1999 年 2 月公布了《國民教育法》第四條：「保障學生學習權及家長選擇權，國民教育階段得辦理非學校型態實驗教育，其內容、期程、範圍、申請條件與程序及其他相關事項之準則，由教育部

會商直轄市、縣（市）政府後定之。」。

接著 1999 年 6 月在公布《教育基本法》中第十三條：「政府及民間得視需要進行教育實驗，並應加強教育研究及評鑑工作，以提昇品質，促進教育發展。」在《國民教育法》及《教育基本法》公布之後，實驗教育開始有了法源依據，各縣市政府依法著手訂定國民教育階段的非學校型態實驗教育實施辦法，部分縣市也訂定了公立學校委託私人辦理實驗教育的相關條例，如宜蘭縣屬各級學校委託私人辦理自治條例、桃園縣公立學校委託民間經營自治條例、新北市立國民中小學委託民間辦理辦法、臺南市獎勵私人興學自治條例陸續完成後，實驗教育便開始在部分縣市蓬勃發展（宋承恩，2017）。

在中央及地方政府法制完備之後，原有的實驗教育學校開始嘗試新的經營方式，2002 年宜蘭縣慈心華德福學校與宜蘭縣人文國中小，以特許模式成立，成為國內依自治條例設置公辦民營小學的首例。2004 年種籽學苑改制為以承租模式委辦的公辦民營小學。2006 年桃園縣瓦諾小學以 BOT 委建模式成立（余亭薇，2016）。

在此時期由於教育基本法的訂定，確立了民間推動實驗教育的法制基礎，各地方政府亦陸續制定相關條例，此時期成立的實驗教育學校有更多元的方式辦學，惟此時期僅止於授權地方政府訂定法規，就法律效力而言，法律位階不高，不但不能牴觸其他位階較高的教育法，執行起來亦不具彈性，因此，立法委員和民間團體皆認為應該訂定特別法，讓實驗教育的推動得不被其他法律所約束（林致憲，2018）。

《教育基本法》及《國民教育法》修訂，把實驗教育的辦理入法，這對實驗教育是一大突破。家長或私人團體要辦理在家教育或實驗教育，不再背負違法之恐懼，反而可以依據此二法，要求地方政府訂定法規，加速實驗教育的發展，因此 1999 至 2013 年，可說是實驗教育的發展期。

三、茁壯期：2014年以後

經過二十多年的發展，在此時期已有相當多的家長與學生投入實驗教育的

行列，國人對教育的多元型態期待日漸殷切，加上《教育基本法》賦予實驗教育法源基礎已久，宜再制定更高位階的相關法規以落實實驗教育之精神，2014 年 11 月立法院三讀通過實驗教育三法，分別頒布了《學校型態實驗教育實施條例》、《高級中等以下教育階段非學校型態實驗教育實施條例》及《公立國民小學及國民中學委託私人辦理條例》，實驗教育三法的公布施行，開啟亞洲實驗教育發展先河，也開創我國實驗教育發展新境界，體現我國多元、創新和活力的教育新價值，在政府和民間團體的共同努力下，未來實驗教育將可提供學生更優質和特色的教育環境（吳清山，2015）。

實驗教育三法的通過，對於推動實驗教育除了給予比以往更明確的法源，同時也確立了實驗教育公辦民營的法源依據；此外，未來的實驗教育，也將不再僅由私人（學校財團法人或非營利之私法人）始得辦理，公立學校在各種有利條件充分建構之後，也得以依法申請辦理實驗教育（公辦公營），為學校型塑另類發展特色，打更優質的學習環境，開創獨特的辦學風格（林致憲，2018）。

另值得一提的是，實驗教育三法通過後，確立實驗教育的三大型態，分別為學校型態實驗教育、非學校型態實驗教育及公辦民營。

《學校型態實驗教育實施條例》草案最早於 2012 年 4 月 13 日由蔡其昌等立委提出，由教育部參考先進國家法制，整合各縣市意見提出行政院版草案，於 2014 年 9 月 12 日送請立法院審議。其後，立法院在同年 10 月 15 日的委員會會議中，將蔡版及院版之「學校型態實驗教育實施條例草案」，兩案併案審查。本條例最後經立法院三讀通過並於同年 11 月 19 日公布，全文計有五章 23 條；其施行細則經教育部訂定後，於 2015 年 1 月 27 日公布，全文共 8 條。《學校型態實驗教育實施條例》在歷經三年多的實行之後，部分縣市政府希望放寬實驗學校數量的限制及實驗教育的推動欲往高等教育發展，教育部廣納各界需求，於 2018 年 1 月 31 日完成學校型態實驗教育實施條例修正。

而所謂的實驗教育三法：係指《高級中等以下教育階段非學校型態實驗教育實施條例》、《學校型態實驗教育實施條例》、《公立國民小學及國民中學委託私人辦理條例》這三法。以上法案皆在 103 年 11 月同時經立法院三讀通

過，將其簡稱為「實驗教育三法」。

　　上述三法公布施行二年後，為賦予實驗教育更多的辦學彈性，強化參與實驗教育學生的權益保障，提供學生更多元適性學習機會，行政院於 106 年 7 月 11 日通過了教育部所提的實驗教育三法修正草案，並於 107 年 1 月 31 日經立法院三讀通過，期讓體制外實驗學校能發展出創新且成效良好的辦學模式，提升學校辦學品質。

　　實驗教育自從民國 103 年 11 月 19 日立法院通過所謂實驗教育三法後，任何法人皆可依據法令申辦實驗教育，而又經過 107 年 1 月 31 日修正後，法令更加的完備。

　　實驗教育自民國 103 年至今已經八年，實驗教育單位持續增加，參與實驗教育之各階段學生，亦近 2 萬名。可說是實驗教育之茁壯期。

第二節　臺灣實驗教育的現況

　　臺灣的實驗教育自從 2014 年實驗教育三法立法通過後，可謂進入實驗教育發展之茁壯期。各民間團體紛紛申請實驗教育之辦理。其中以 109 學年度統計學校型態參與學生數為 8,534 人，非學校型態參與學生數為 8,744 人，公辦民營參與學生為 2,379 人，總數近 2 萬學生，亦即有 2 萬學生，從體制內公立學校轉至實驗教育就讀，其參與程度可說是相當蓬勃！

一、臺灣實驗教育參與現況

　　臺灣的實驗教育自從 2014 年立法通過，參與的學生數急速成長。學生數近 2 萬人，五學年間參與學生數增加 1.4 萬人或 2.7 倍。

　　根據 2021 年 6 月 30 日教育部對實驗教育之教育統計，臺灣實驗教育現況如下：109 學年度實驗教育計畫通過校數持續成長至 103 所，參與學生數近 2 萬人。實驗三法於 103 年 11 月公布施行，104 學年計畫通過校數有 11 所，

5,331 位學生參與實驗教育，之後逐年成長至 109 學年 103 所學校，學生數近 2 萬人，五學年間參與學生數增加 1.4 萬人或 2.7 倍。參與實驗教育學生數占學生總數比率亦由 1.9‰ 逐年增至 8.3‰，在少子女化趨勢下，呈逆勢成長。觀察 109 學年實驗教育各階段學生數，以國小 1.3 萬人（占 66.3%）為主，國中 4,601 人（占 23.4%），高級中等學校計 2,026 人（占 10.3%），如圖 2-1。

圖 2-1
實驗教育各階段學生數比率圖

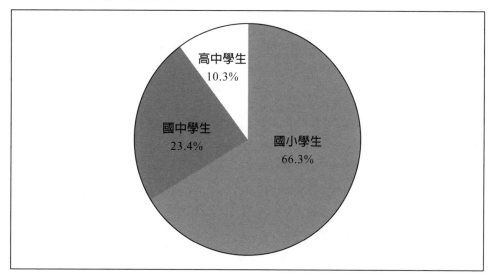

資料來源：作者繪製。

　　五學年間學校型態實驗教育計畫通過校數增逾 10 倍，學生數成長近 30 倍實驗教育可分為「學校型態」、「公立學校委託私人辦理」（公辦民營）及「非學校型態」三種，其中學校型態實驗教育自 104 學年實施以來，109 學年計畫通過校數已由 8 所快速增至 90 所，以嘉義縣、臺東縣 9 所最多，臺北市、臺南市、高雄市 8 所次之；參加學生亦由 277 人增至 8,534 人，成長近 30 倍，以國小 6,281 人最多，國中 2,036 人，高級中等學校 217 人；各縣市以臺北市 1,659 人最多，臺南市 1,112 人居次，臺東縣 740 人再次。另屬原住民族實驗教育學校自 105 學年成立，計畫通過校數由 6 所快速增至 109 學年 32 所，學

生數由 587 人增至 2,340 人，亦呈穩定成長。109 學年公辦民營實驗教育計畫通過校數計有 13 所，較 104 學年增加 10 所，其中宜蘭縣、雲林縣各 3 所；學生人數 2,379 人，較 104 學年 1,357 人增加 1,022 人，其中國小 1,329 人、國中 830 人、高級中等學校 220 人，以宜蘭縣 1,242 人最多，雲林縣 1,108 人次之。

表 2-2
實驗教育辦理情形—計畫通過校數與學生數

學年	計畫通過校數			學生人數				
	總計	公辦民營	學校型態	總計	比率	非學校型態	公辦民營	學校型態
104	11	3	8	5,331	1.9%	3,697	1,357	277
105	40	5	35	9,369	3.6	4,985	1,620	2,764
106	62	9	53	12,614	5.0	5,598	1,877	5,139
107	74	10	64	15,466	6.2	7,282	1,940	6,244
108	90	11	79	17,725	7.3	8,245	2,190	7,290
109	103	13	90	19,657	8.3	8,744	2,379	8,534

資料來源：作者繪製。

　　至於非學校型態實驗教育可分為個人、團體、機構實驗教育三種，109 學年參與非學校型態實驗教育學生數計 8,744 人，其中以機構方式辦理實驗教育之學生數計 3,892 人或占四成五最多，以個人方式辦理之學生數計 3,441 人或占三成九，團體方式計 1,411 人。

　　至於非學校型態之實驗教育，109 學年度國小至高中，以國小階段人數最多。其中又以機構實驗教育最多，學生數計 3,892 人，占四成五最多。以個人方式辦理之學生數計 3,441 人，占 3 成 9 次多，如圖 2-2。

圖 2-2
非學校型態學生各階段參與方式分布圖

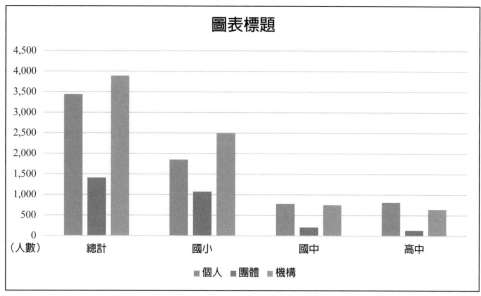

資料來源：作者繪製。

　　根據《親子天下》的調查，以下是 2021 年的最新實驗學校、機構、團體總覽表。

　　由表 2-3，可以發現嘉義市是全省唯一沒有實驗教育的縣市，而基隆市和嘉義縣，只有公辦實驗教育，沒有一所私法人辦理的實驗教育。

二、臺灣實驗教育申請類別現況分析

　　另外根據實驗教育機構之申請資料，申請的類別，符應法條希望教育創新和多元化的精神，也符合長期民間教改團體要求鬆綁的原則。筆者認為只要是有別於體制內課綱框架下的教育實驗，都應該被允許申辦。如果政府對於申請類別，還加以「束綁」的話，那就違反立法的精神！

表 2-3

2021 最新實驗學校、機構、團體總覽表

2021 最新實驗學校、機構、團體總覽

辦學單位名稱	類型	招生階段	聯絡資訊
台北市			
和平實驗國民小學	公辦公營	國小	02-27335900
博嘉實驗國民小學	公辦公營	國小	02-22302585
泉源實驗國民小學	公辦公營	國小	02-28951258
溪山實驗國民小學	公辦公營	國小	02-28411010
湖田實驗國民小學	公辦公營	國小	02-28616963
濱江實驗國民中學	公辦公營	國中	02-85020126
🆕 芳和實驗中學	公辦公營	國中、高中	02-27321961
民族實驗國民中學	公辦公營	國中	02-27322935
昶心蒙特梭利實驗教育 E1	團體自學	國小	02 25280035
昶心蒙特梭利實驗教育 E2	團體自學	國小	02 25280035
昶心蒙特梭利實驗教育 S1 班群	團體自學	國小、國中	02 25280035
台灣蒙特梭利國際實驗教育	團體自學	國小、國中	02-27606250
啟心蒙特梭利實驗教育 (A)	團體自學	國小	0965-388686
啟心蒙特梭利實驗教育 (B)	團體自學	國小	0965-388686
綿佳樂學 TICA	團體自學	國小、國中、高中	02-25501260
宸恩實驗教育 (01)	團體自學	國小、國中、高中	02-23652313
宸恩實驗教育 (02)	團體自學	國小、國中	02-23652314
新生命全人自學團體	團體自學	國中	尚未公開
宜家蒙特梭利實驗教育	團體自學	國小	02-27960236
嘉禾書院	團體自學	國小、國中、高中	02-28761010
滿兒園蒙特梭利團體實驗教育 E1	團體自學	國小	02-27010857
滿兒園蒙特梭利團體實驗教育 E2	團體自學	國小	02-27010857
寰宇博雅國際學苑	團體自學	國小、國中	info@canadian-cms.com
志道書院 (原大安讀經學園)	團體自學	國小、國中	0963-066426
展藝學群	團體自學	國中、高中	https://zhidao.tw
習飛學群	團體自學	國小、國中	https://zhidao.tw
羽白學群	團體自學	國小	https://zhidao.tw
陪伴者生涯學院	團體自學	國中、高中	02-23259026
國際教育自學團體	團體自學	高中	尚未公開
展賦行動學苑	團體自學	高中	hgesh2018@gmail.com
展賦玩學學苑	團體自學	國小、國中	hgesh2018@gmail.com
黑羊計畫	團體自學	國小	尚未公開
身生實驗教育團體	團體自學	國小	https://www.hlworld.net/non-school
愛騰共學團	團體自學	國小	尚未公開
君格實驗教育	團體自學	國小	02-27614112
珍古德生態共學團	團體自學	國小	02-23966236
影視音實驗教育機構	機構自學	高中	02-77055355
史代納實驗教育機構	機構自學	國小、國中、高中	02-23010652
長華國際蒙特梭利實驗教育機構	機構自學	國小	02-27182855

辦學單位名稱	類型	招生階段	聯絡資訊
台北市			
灌亞國際學院實驗教育機構	機構自學	國小、國中	02-27017891
學學實驗教育機構	機構自學	高中	02-87516898
同心華德福實驗教育機構	機構自學	國小、國中	02-22366791
無界塾實驗教育機構	機構自學	國小、國中、高中	bts.flip@gmail.com
青禾華德福實驗教育機構	機構自學	國小、國中	02-85015822
運算思維實驗教育機構（不招收新生）	機構自學	國中、高中	02-66318168
華砡國際數位實驗教育機構	機構自學	國小	02-87865872
VIS 世界改造實驗室實驗教育機構	機構自學	國中、高中	02-23567978
哈柏露塔實驗教育機構	機構自學	國小	02-27943993
核心實驗教育機構	機構自學	國小	0911-761790
新主流實驗教育機構	機構自學	國小	尚未公開
小實光實驗教育機構	機構自學	國小、國中	02-27097123
葉實堂實驗教育機構	機構自學	國小	不對外招生
新北市			
忠山實驗小學	公辦公營	國小	02-26216139
新 猴硐國小	公辦公營	國小	02-24960450
新 石門國中	公辦公營	國中	02-26381273
新 坪林國中	公辦公營	國中	02-26656210
新 福山國小 註3	公辦公營	國小	02-26616124
信賢種籽親子實驗國民小學 註2	公辦民營	國小	02-26616648
新惠佑蒙特梭利小學新希望教室	團體自學	國小	02-89285545
炫心星自學團	團體自學	國小、國中	02-22390171
可能非學校團體	團體自學	國小、國中	02-22722700
心語蒙特梭利小學階段實驗教育	團體自學	國小	02-26092727
心語蒙特梭利中小學實驗教育 A	團體自學	國小、國中	02-26092727
新 也思社會設計自學團	團體自學	高中	02-87320827
新 學次方創學團	團體自學	高中	02-86742088
汗得建築工事實驗教育機構	機構自學	高中	02-23379862
原聲國際學院實驗教育機構	機構自學	高中	02-28086618
新北市籌設森林小學期前教學研究實驗教育機構	機構自學	國小	02-23670151
原來學苑實驗教育機構	機構自學	國小、國中	02-26726116
薇亞國際實驗教育機構	機構自學	國小、國中	02-22122127
生活實踐實驗教育機構	機構自學	國中、高中	02-22588704
基隆市			
八堵國小	公辦公營	國小	02-24573287
南榮國中	公辦公營	國中	02-24282188
瑪陵國小	公辦民營	國小	02-24565663
桃園市			
新屋高中華德福教育實驗教育班 註1	公立學校	高中	03-4772029
壽山高中日文實驗班 註1	公立學校	高中	03-3501778
新 大園高中海外子女攬才專班 註1	公立學校	高中	03-3813001

辦學單位名稱	類型	招生階段	聯絡資訊
桃園市			
仁美國民中學附設華德福實驗國中小 註2	公立學校	國小、國中	03-4641123
愛鄰舍學苑	團體自學	國小、國中	03-4275770
FunSpace 樂思空間團體實驗教育 α 團	團體自學	國小	03-3173718
FunSpace 樂思空間團體實驗教育 β 團	團體自學	國小	03-3173718
趣創者國際實驗教育 A 團體	團體自學	國小	03-4880896
趣創者國際實驗教育 B 團體	團體自學	國小	03-4880896
趣創者國際實驗教育 C 團體	團體自學	國小	03-4880896
趣創者國際實驗教育 D 團體	團體自學	國小	03-4880896
大伙房書院 Whole Family School	團體自學	國小	粉絲頁：大伙房書院
觀音經典書院國中小經典文化實驗教育	團體自學	國小、國中	03-4738900
禾豐書苑	團體自學	國小	03-3653091
葳士頓美語共學團	團體自學	國小	粉絲頁：wisdom 葳士頓美語共學
人文蒙特梭利農耕教室	團體自學	國小	03-3553863
人文蒙特梭利農耕教室 B 團	團體自學	國小	03-3553863
有得實驗教育機構	機構自學	6~12 年級	03-4523566
鍩瓦實驗教育機構	機構自學	國中	03-4072882
新竹市			
新竹市華德福實驗學校	公辦公營	國小、國中	03-5370531
新竹縣			
北平華福實驗學校	公辦公營	國小、國中	03-5882897
大坪國小	公辦公營	國小	03-5802264
尖石國小	公辦公營	國小	03-5841563
桃山國小	公辦公營	國小	03-5856040
嘉興國小	公辦公營	國小	03-5841004
新樂國小	公辦公營	國小	03-5841500
尖石國中	公辦公營	國中	03-5841027
峨眉國中	公辦民營	國中	03-5800208
三峰華德福實驗教育團體	團體自學	國小	03-5760066
麗水華德福實驗教育團體	團體自學	國小、國中	03-5760066
麗山華德福實驗教育團體	團體自學	國小	03-5760066
新 JHS 喜樂自學家庭學校實驗教育團體	團體自學	國小、國中、高中	03-5955443
新 恩激優共學團體	團體自學	國小	03-5583988
道禾實驗教育機構	機構自學	國小	03-6116699
照海華德福實驗教育機構	機構自學	國小、國中、高中	03-5891023
卡爾實驗教育機構	機構自學	國中、高中	03-5589868
約翰實驗教育機構	機構自學	國小	03-5589868
苗栗縣			
南河國小	公辦公營	國小	03-7226806

辦學單位名稱	類型	招生階段	聯絡資訊
苗栗縣			
泰興國小	公辦公營	國小	03-7992852
象鼻國小	公辦公營	國小	03-7962270
全人實驗高級中學	私立實驗學校	國小、國中、高中	04-25896909
台中市			
東汴國小	公辦公營	國小	04-22702664
中坑國小	公辦公營	國小	04-25874992
博屋瑪國小	公辦公營	國小	04-25911487
善水國中小	公辦公營	國小、國中	04-26396160
和平國中	公辦公營	國中	04-25941512
光明學苑	團體自學	國小	04-23362936
慈興學苑	團體自學	國小	04-26358520
紅泥巴自學團	團體自學	國小、國中	0926-089987
牧心蒙特梭利實驗教育團體	團體自學	國小、國中	04-25344450
錫安山台中伊甸家園實驗教育團體	團體自學	國小、國中	04-22033062
新 雙語讀經與品格教育實驗團體	團體自學	國小	尚未公開
新 田中央共學團	團體自學	國小	尚未公開
新 目標導向雙語讀經實踐教育團體	團體自學	國小、國中	尚未公開
新 秋穗實驗教育自學團	團體自學	國中、高中	04-23765556
迦美地華德福實驗教育機構	機構自學	國小、國中	04-22522165
道禾實驗教育機構	機構自學	國小	04-22520026
海聲華德福實驗教育機構	機構自學	國小、國中、高中	04-26565711
善美真華德福實驗教育機構	機構自學	國小、國中	04-26263111
楓樹腳實驗教育機構	機構自學	國小、國中	04-23374425
寰宇蒙特梭利實驗教育機構	機構自學	國小、國中	04-24612766
新 星光實驗教育機構	機構自學	國小、國中	04-23891926
私立磊川華德福實驗教育學校	私立實驗學校	國小、國中、高中	04-24350110
私立華德福大地實驗教育學校	私立實驗學校	國小、國中、高中	04-23377520
彰化縣			
民權華德福實驗國民中小學	公辦公營	國小、國中	04-8932625
鹿江國際中小學	公辦公營	國中	04-7770557
苗圃蒙特梭利管唐社區自學團體	團體自學	國小 2-4 年級	04-7525250
苗圃蒙特梭利莿桐社區自學團體	團體自學	國小 1-3 年級	04-7525250
苗圃蒙特梭利安溪社區自學團體	團體自學	國小 4-6 年級	04-7525250
苗圃三合院大地之子社區自學團體	團體自學	國中	04-7525250
苗圃蒙特梭利秀水社區自學團體	團體自學	國小 1-3 年級	04-7525250
樂耕蒙特梭利實驗教育團體	團體自學	國小	04-7513475

辦學單位名稱	類型	招生階段	聯絡資訊
彰化縣			
基石華德福實驗教育團體	團體自學	國小、國中、高中	04-8805429
苗圃蒙特梭利秀水社區自學團體	團體自學	國小 1-3 年級	04-7525250
雅典娜華德福實驗教育機構	機構自學	國小、國中、高中	04-8876660
愛因斯坦實驗教育機構	機構自學	國小	04-8531157
賽德實驗教育機構	機構自學	國中	04-8362756
南投縣			
都達國小	公辦公營	國小	049-2970053
久美國小	公辦公營	國小	049-2831506
⊕ 長福國小	公辦公營	國小	049-2431295
復臨國際實驗教育機構	機構自學	國中、高中	049-2899778
森優生態實驗教育機構	機構自學	國小、國中、高中	049-2691721
親愛音樂實驗教育機構	機構自學	國中、高中	049-2316387
均頭國際實驗教育機構	機構自學	國小、國中	04-22517429
雲林縣			
古坑華德福實驗高級中學	公辦公營	國中、高中	05-6341003
山峰華德福教育實驗國民小學	公辦公營	國小	05-5822075
潮厝華德福教育實驗國民小學	公辦公營	國小	05-6972644
華南實驗國民小學	公辦公營	國小	05-5901529
樟湖生態國民中小學	公辦民營	國小、國中	05-5811044 #11
蔦松藝術高中	公辦民營	國中、高中	05-7841801
拯民國民小學	公辦民營	國小	05-6326451
雲林技術型華德福高中自學團體	團體自學	高中	05-6972644
⊕ 禧年伊甸家園	團體自學	國小、國中	尚未公開
台灣復興藝術實驗教育機構	機構自學	高中	05-7842920
湖山承淨書院實驗教育機構	機構自學	國小、國中、高中	0916-855023
財團法人雲林縣福智實驗國民中學	私立實驗學校	國中	05-5828222 #6205
財團法人雲林縣福智實驗國民小學	私立實驗學校	國小	05-5828222 #6102
嘉義市　無（目前只有個人自學）			
嘉義縣			
太平國小	公辦公營	國小	05-2571004
太興國小	公辦公營	國小	05-2571087
仁和國小	公辦公營	國小	05-2661130
豐山實驗教育學校	公辦公營	國小、國中	05-2661071
大埔國民中小學	公辦公營	國小、國中	05-2521014
美林國小	公辦公營	國小	05-2691150
阿里山國民中小學	公辦公營	國小、國中	05-2561180
達邦國小	公辦公營	國小	05-2511017
北回國小	公辦公營	國小	05-2356941

辦學單位名稱	類型	招生階段	聯絡資訊
台南市			
虎山實驗小學	公辦公營	國小	06-2661490
光復生態實驗小學	公辦公營	國小	06-7800530
口埤實驗小學	公辦公營	國小	06-5901445
南梓實驗小學	公辦公營	國小	06-6562904
西門實驗小學	公辦公營	國小	06-3914141
志開實驗小學	公辦公營	國小	06-2619431
文和實驗小學	公辦公營	國小	06-5551937
光榮實驗小學	公辦公營	國小	06-5731658
華德福共學園	團體自學	國小	0902-339136
百合華德福共學園	團體自學	國小	0902-339136
心潔蒙特校利	團體自學	國小	06-2740126 #287
迦南地伊甸家園	團體自學	國小、國中、高中	06-5908290
亮點實驗教育團體	團體自學	國中、高中	0919-929782
可能實驗教育台南園	團體自學	國小、國中	06-3305515
多元智能與深度經典	團體自學	國小	0980-939799
ShareFun 雙語實驗教育	團體自學	國小	06-2958000
快樂書院實驗教育團體	團體自學	國小	06-2522045
鴻仁國際漢學書院團體	團體自學	國小	06-2936611 #101
威爾森美式國際多元教育團體	團體自學	國小	06-2130301 #127
哈佛蒙特校利教育團體	團體自學	國小	06-2641213
BANYAN 國際實驗教育機構	機構自學	國小	06-2086922
上華蒙特校利實驗機構	機構自學	國小	06-2466345
中信國際實驗教育機構	機構自學	國中、高中	06-2872300
哈佛蒙特校利實驗教育機構	機構自學	國小、國中、高中	06-2641213
高雄市			
巴楠花部落國中小	公辦公營	國小、國中	07-6776031
多納國小	公辦公營	國小	07-6801178
樟山國小	公辦公營	國小	07-6866118
茂林國小	公辦公營	國小	07-6801043
壽山國小	公辦公營	國小	07-5514393
吉東國小	公辦公營	國小	07-6831144
聖功樂仁蒙特校利小學階段實驗教育團體	團體自學	國小	07-2317033
全人賦能團體	團體自學	高中	0939-218185
創造蒙特校利共學團體	團體自學	國小	07-5569351
新 以馬內利共學團	團體自學	國小、國中	尚未公開
新 高雄培德班	團體自學	國小	尚未公開
日光華德福實驗教育機構	機構自學	國小	info@kseatw.org
麗澤品格實驗教育機構	機構自學	國小	0955-233758

辦學單位名稱	類型	招生階段	聯絡資訊
高雄市			
國際心教育實驗教育機構	機構自學	國小、國中	07-6116672
但以理基督書院實驗教育機構	機構自學	國小	07-3330708
錫安山高屏伊甸家園實驗教育機構	機構自學	國小、國中、高中	0932-951303
野人華德福實驗教育機構	機構自學	國小、國中	07-3637988
光禾華德福實驗學校	私立實驗學校	國小	07-7885128
南海月光實驗教育學校	私立實驗學校	國小、國中、高中	07-3458068
屏東縣			
長榮百合國小	公辦公營	國小	08-7997253
地磨兒國小	公辦公營	國小	08-7991462
北葉國小	公辦公營	國小	08-7991649
賽嘉國小	公辦公營	國小	08-7992220
青葉國小	公辦公營	國小	08-7961997
建國國小	公辦公營	國小	08-7521464
丹路國小	公辦公營	國小	08-8771455
餉潭國小	公辦民營	國小	08-7981600
大路關國民中小學	公辦民營	國小、國中	08-7957412
宜蘭縣			
南澳高中實驗教育專班 註1	公立學校	高中	03-9981024
武塔國小	公辦公營	國小	03-9981632
大同國中	公辦公營	國中	03-9809611
大進國小	公辦公營	國小	03-9512268
東澳國小	公辦公營	國小	03-9986217
湖山國小	公辦公營	國小	03-9221174
內城國民中小學 註2	公辦公營	國小、國中	03-9221846
慈心華德福教育實驗高級中等學校	公辦民營	國小、國中、高中	03-9596222
人文國民中小學	公辦民營	國小、國中	03-9773396
岳明國小	公辦民營	國小	03-9903044
不老部落原根團體實驗教育	團體自學	高中	0919-090061
新 聯合國際實驗教育機構	機構自學	國中、高中	03-9305908
花蓮縣			
萬榮國小	公辦公營	國小	03-8751449
豐濱國小	公辦公營	國小	03-8791111
鶴岡國小	公辦公營	國小	03-8872740
新 永豐國小	公辦公營	國小	03-8831195
三民國小	公辦民營	國小	03-8841183
三民國中	公辦民營	國中	03-8841198
五味屋（花蓮縣鄉村社區大學發展協會）	團體自學	國小、國中	03-8656922
波斯頓國際實驗教育機構	機構自學	國小、國中	03-8227111

辦學單位名稱	類型	招生階段	聯絡資訊
台東縣			
初鹿夢想家實驗國中	公辦公營	國中	089-571125
富山國際教育實驗小學	公辦公營	國小	089-281086
溫泉國小	公辦公營	國小	089-512354
三和走讀學堂實驗小學	公辦公營	國小	089-512291
南王 Puyuma 花環實驗小學	公辦公營	國小	089-223203
vusam 民族實驗小學	公辦公營	國小	089-761225
達魯瑪克民族實驗小學	公辦公營	國小	089-382402
蘭嶼高中 (TAO 民族實驗高中)	公辦公營	國中、高中	089-732016
椰油國小	公辦公營	國小	089-732017
桃源國小	公辦民營	國小	089-561275
均一國際教育實驗高級中等學校	私立實驗學校	高中	089-223301
金門縣　無 (目前只有個人自學)			
澎湖縣			
合橫國小	公辦公營	國小	06-9881471
連江縣　無			

◎ 學校型態實驗教育：預計 110 學年度施行實驗教育或型態、招生階段轉變者；非學校型態實驗教育：109 學年 2020 年 7 月後新設立。
註 1：實驗專班。依據《高級中等教育法》與《高級中等學校辦理實驗教育辦法》修正修文設立。
註 2：「實驗教育三法」通過之前，即依據地方計畫設立、推動實驗教育課程。
註 3：進入教育部審議階段，預計 110 學年度轉型。

2021《親子天下》最新實驗學校調查
1.最新各縣市政府實驗教育審議通過的學校與團體自學，獲得立案許可的機構。2.以學校型態／非學校型態（團體與機構自學）／公立學校委託私人辦理為主。
3.團體自學的辦學單位，可能因課程規劃、人數限制或招生階段等原因，細分為多個自學團體（如 A、B、C 團）。
資料來源／各縣市教育局處、學校團體與教育部　調查整理／陳奕安、陳盈螢、許家齊（更新日期至 2021 年 3 月 24 日）
製表／李宜蓁、施雲心

資料更新日期／2021 年 3 月 24 日

資料來源：引自《親子天下》（2021）。

表 2-4
實驗教育申請類別及申請數一覽表

編次	實驗類別	申請數
1	國際教育	10
2	華德福	9
3	技術型	6
4	蒙特梭利	4
5	生態教育	3
6	東方文化哲思	3
7	信仰學校	3

編次	實驗類別	申請數
8	其他	3
9	主題式教育	2
10	品德雙語特色課程	2
11	人本特色課程	1
12	人本教育	1
13	民主教育	1
14	生活公共教育	1
15	全人教育	1
16	品格國際教育	1
17	品格教育	1
18	混齡教育	1
19	環保教育	1
20	環境教育	1
21	雙語數位教育	1
22	覺性教育	1

資料來源：引自《親子天下》（2020），作者繪製。

　　由表 2-4 實驗教育申請類別及申請數，值得注意的是申請最多的是國際教育，反而比華德福和蒙特梭利還多，意謂著家長對於體制內雙語及國際教育，並不滿意。體制內之學校，受到課綱的限制，國小目前一、二年級不能上英語課；三年級以上，一週只有一至二節，似乎不能滿足廣大家長的需求。因此家長尋求實驗教育來就讀，有其脈絡可證明。

　　筆者曾帶學生到紐西蘭和澳洲遊學，發現東南亞國家，如馬來西亞、新加坡、菲律賓等國家，學生畢業後到紐西蘭和澳洲，馬上可以上學或工作，反觀臺灣學生，外語還必須到語言學校一段時間才能上手。了解之下，才發現他們是雙語或多語國家，在該國家之英語課與本國語，一週之節數是一樣多的。相較之下，臺灣家長深受其苦，因此對於國際教育期盼甚殷！

另外，學者詹志禹（2017）將實驗教育申請類別歸納成十類，極具參考性，如表 2-5。

表 2-5
實驗教育申請類別表

編號	類別	實施內容及典範學校
1	在地特色課程或專題學習	結合當地文化或生態特色，激發學生學習動機，兼顧培育基本能力，並常跨科實行統整教學。實例包括：雲林古坑華南國小的山林與咖啡生態教育，宜蘭岳明國小的海邊與帆船課程，桃園介壽國中的山林與竹子課程（融入科學、藝術與英文教學），臺南一中林皇德老師的國文課之文學地景旅行，宜蘭高中也將國文課連結「宜蘭學」。
2	探索體驗課程	重視探險、體驗與團隊合作建構，實例包括：新竹光武國中的「法拉第少年」學習之旅，將登山、溯溪、單車環島、山海交流等探索活動結合科學與體育等課程，翻轉學習也翻轉學校命運。另類學校如：苗栗全人中學和宜蘭慈心華德福學校等，也常有此類學習。
3	美感教育	重視美感探索課程，並結合生活實踐與自然環境。實例包括：臺南後港國小，利用當地的黑面琵鷺、蚵殼、漂流木等生態特色，融入生活美學，結合戲劇與海洋教育；此外，還有新北市米倉國小的童玩夢工廠與皮影戲，中和國中的美感教育實驗班和臺北市博嘉國小的「美創博嘉」實驗計畫等。
4	創客教育	結合資訊科技，重視開放創新與體驗探究，強調做中學以及從創造中學習。實例包括：宜蘭三民國小教師詹勝凱，透過木工與電工課程，引導學生自我創造、用手感知世界；花蓮高農建構植物工廠，將農業科技和有機栽植融入課程；屏東枋寮高中將積木創意課程發展成機器人團隊，帶出科技創新教育，並參與國際競賽。
5	民主教育	重視人權、平權、尊重、正義與互信等價值觀，強調自主、多元、對話和批判思考等教育觀，學生可參與學校的許多決策和課程設計，甚至組成學生法庭，學習民主自治和衝突解決。實例包括：新北市烏來種籽親子實驗小學和苗栗全人中學等。

編號	類別	實施內容及典範學校
6	華德福教育	以德國哲學家史泰納（R. Steiner）的人智學（Anthroposophie）為根據，強調身、心、靈整合發展，特別重視學習的節奏、藝術的啟發和手腦的並用，對於人類心理發展與課程設計原理自成一套系統。實例包括：宜蘭慈心華德福學校、臺中海聲華德福學校、雲林潮厝國小、臺東均一中小學等，全臺並有頗多共學團體和實驗教育機構。
7	特色教學法	在某一個學科領域發展一套有效的創新教學法，並可類化應用至其他領域。實例包括：南投爽文國中國文教師王政忠所發展的 MAPS 教學法，臺北市中山女高國文教師張輝誠所發展的「學思達」教學法，臺東高中教師羅勝吉則成功地將「學思達」教學法應用至化學領域。
8	國際教育	強化國際觀、外語教學、跨國互動與多元文化理解。實例包括：嘉義竹崎高中，教學生越南語連結新住民，用英語導覽阿里山，並推動多元文化課程、藝術國際交流和模擬聯合國等活動。苗栗卓蘭高中，已多年進行國際教育旅行，帶學生參訪過日、韓、美等國的學校。政大附中利用國際性的課程整合平臺，與美國西北高中合開「幸福指數／學生生活指數」主題式課程，促進師生跨國互動與課程合作經驗。
9	混齡教學	將部分或全部課程混合年級教學，重視分組教學、合作學習、同儕互動和個別化指導，實例包括：高雄寶山國小、嘉義豐山國小、臺中中坑國小、東汴國小，苗栗南河國小等偏鄉學校。
10	綜合改善體質	把曾經走下坡或學生人數外流的學校，綜合改造體質，提升品牌形象，讓學校止跌回升。實例包括：汐止白雲國小，採用了強化科技教育、善用雲端教育、營造雙語環境、促進國際交流、建構友善校園並提供優質課輔等措施。

資料來源：引自詹志禹（2017），作者繪製。

　　《親子天下》（2021）自 2017 年起，連續五年向全臺 22 縣市教育局處蒐集實驗學校、機構團體資訊。2021 年最新調查顯示，全臺公私立實驗學校、

機構與團體數已突破 250 家。從這幾年實驗學校家數（註：以下提及的「實驗學校」數含學校型態與非學團體、機構與公辦民營實驗學校）的成長，也能看出實驗教育不同的階段變化。

2017 至 2019 年是蓬勃成長期，每年成長近 50 間；2019 至 2021 年實驗學校成長逐漸趨緩，從 2021 年 7 月至今，家數成長不到 20 間。就《親子天下》的調查，實驗學校家數年增率降低，2018 年約為 43%、2019 年約為 27%，2020 年與 2021 年分別是 8% 與 5%。

從教育部統計與行政院資料也可見，實驗教育學生數（含非學校型態、學校型態、公辦民營）的年增率逐漸趨緩。106 至 109 學年的學生數年增率分別為 34.6%、22.6%、14.6%、13%。

而《親子天下》注意到實驗教育五年來的微變化，有以下三個發現：

1. 轉型熱退燒，辦學挑戰多。

2. 從草根開創到有資源者辦學。

3. 升學銜接問題愈漸緊迫。

《親子天下》長期關注實驗教育的發展，發現自 103 年底實驗三法立法完成後，有志者開始申請，籌備至開學，106 至 108 年急速成長。但至 110 年成長趨緩，值得注意。但綜觀而論，實驗教育當初立法，即不是要取代主流教育市場，從法令規範招收學生數即可看出。立法希望實驗教育是個小眾市場，申辦趨緩符合立法精神！

除了上述《親子天下》三個發現以外，政府審查漸趨嚴格、家長期望多元、學生素質參差、沒有永續未來性等面臨之困難及挑戰，將留置後面章節再做討論。

本章小結

臺灣實驗教育的發展，自 103 年底實驗三法立法完成後，有志者開始申請，籌備至開學，106 至 108 年急速成長。但至 110 年成長趨緩，值得注意。

但也由於發展趨緩，也可以說進入成熟穩定階段。

　　而由實驗教育申請類別及申請數之分析，國內家長認爲體制內無法做到而需求之實驗教育，以國際教育及雙語教育最多，反而比華德福和蒙特梭利還多，意謂著家長對於體制內雙語及國際教育並不滿意，尋求實驗教育來就讀，這也是實驗教育實施以來始料未及的現象。臺灣即將在 2030 年成爲雙語國家，這些現象，值得教育主管機關施政之重要警惕！

參考文獻

親子天下（2021）。**最新實驗學校清單**。線上檢索日期：2022 年 3 月 2 日。取自網址：
　　https://feature.parenting.com.tw/alternativeedu2019。

許家齊（2021）。**實驗學校校數成長漸緩，辦學挑戰多**。線上檢索日期：2022 年 3 月
　　2 日。取自網址：https://feature.parenting.com.tw/alternativeedu2019。

黃郁婷（2021）。**一所非學校型態實驗教育機構校長正向領導行爲之個案研究**。國立
　　臺灣師範大學教育學院教育學系碩士論文，未出版，臺北。

林致憲（2018）。**我國學校型態實驗教育之研究—以臺中市實驗教育學校爲例**。國立
　　中興大學國家政策與公共事務研究所碩士學位論文，未出版，臺中。

詹志禹（2017）。實驗創新與十二年國民基本教育。**課程與教學季刊，20**(4)，1-24。

吳清山（2005）。學校創新經營的理念與策略。**教師天地，128**，30-44。

吳清山（2015）。教育名詞—實驗教育三法。**教育脈動，第 3 期**，頁 152-153。

王雅慧（1997）。**覺醒與爭權的社會行動—另類學校家長教育選擇權意識之個案研究**。
　　國立政治大學幼兒教育研究所論文，未出版，臺北。

宋承恩（2017）。**學校型態實驗教育家長選擇權與學校滿意度之研究**。國立政治大學
　　教育學院學校行政碩士在職專班論文，未出版，臺北。

余亭葳（2016）。**新北市國小教師對學校型態實驗教育認同度與衝擊評估之研究**。臺
　　北市立大學教育行政與評鑑研究所碩士論文，未出版，臺北。

第 3 章

實驗教育法之立法探究

　　實驗教育有其源起背景，除了解其背景外，欲了解臺灣的實驗教育，尚須由實驗教育三法之立法內容著手。因爲實驗教育如何辦理，完全要依據法令之規定來辦理。

　　因此本章第一節首先介紹實驗教育三法的意涵。第二節針對學校型態實驗教育實施條例進行評析。第三節針對高級中等以下教育階段非學校型態實驗教育實施條例進行評析。第四節針對公立高級中等以下學校委託私人辦理實驗教育條例進行評析。

第一節　實驗教育三法的意涵

　　實驗教育三法即是 103 年 11 月 19 日立法通過的三個法令，分別是：

一、學校型態實驗教育實施條例

二、高級中等以下教育階段非學校型態實驗教育實施條例

三、公立高級中等以下學校委託私人辦理實驗教育條例

　　針對實驗教育三法之教育意涵，綜合學者看法歸納如下（吳清山，2015；楊振昇，2015；黃彥超，2016）：

一、落實《教育基本法》之精神

　　《教育基本法》第十三條明訂，「政府及民間得視需要進行教育實驗，並應加強教育研究及評鑑工作，以提昇教育品質，促進教育發展。」以及第八條第三項明訂「國民教育階段內，家長負有輔導子女之責任，並得爲其子女之最佳福祉，依法律選擇受教育之方式、內容及參與學校教育事務之權利。」

　　實驗教育三法主要是依據《教育基本法》的精神而立法的，主要彰顯學生的學習權和家長的教育選擇權。

二、促進教育創新多元

在實驗教育三法通過後，教育創新的彈性範圍更大，學校可將教育理念、課程結構、教學方法、師資特色、學生圖像與學校功能整合創新，也可連結社會企業，利用校園閒置空間進行公私協力，發展另類教育等（詹志禹、吳璧純，2015）。

當學生的學習，可以不到體制內的學校，某些學生將可以獲得快樂。實驗教育可以讓教育不受課綱的框架限制。導演小野也可以創辦影劇學校，教授演戲的技藝。如果是一位木工師傅，也可以利用實驗教育傳授木工技術，一個桌球國手，也可以成立桌球實驗學校，專門傳授桌球技術。因為可以鬆綁，如此教育才能創新多元。

三、保障學生受教權益

學生福祉為教育興革最大考量（吳清山，2011）。學生為教育主體，任何教育創新作為或教育實驗均以「不得傷害學生受教權益」為最高指導原則，因此，在實驗教育三法中的規範，特別重視輔導與評鑑，主要目的在確保學生受教權益（吳清山，2015）。

傳統體制內的課程，對某些孩子可能是不感興趣的，孩子必須忍耐在教室受苦。學生應有權利選擇他喜歡的課程，這才是學生的受教權。當學生排定是一位教學無效的老師，或排定是一個會被同學霸凌的班級，以學生受教權而言，它應有選擇最佳學習場所的權利，這就是實驗三法立法的精神。

四、提供家長教育選擇

從歐美經驗來看，教育選擇權是大勢所趨，實驗教育三法確立家長可以選擇公立、私立學校以外的教育機會，包括在家自行教育和公辦民營學校（吳清山，2015）。

　　學習的主體雖然是學生，但因為學生是一個未成熟的個體，監護人還是家長。若以私立學校較昂貴的學費支出，家長才是學校的客戶，私人企業強調以客為尊，古時即有孟母三遷，現今之家長替孩子選擇最好的教育環境，其實是名正言順的。

五、賦予人事聘任彈性

　　實驗教育三法規範實驗教育之教學，應由具相關專長者擔任，不必具有教師證，所聘之職員不適用公務人員相關法規。這法條規範，給予人事更多的彈性，組織可以層級扁平化，精簡人事開支，有利於私人企業辦學。

第二節　學校型態實驗教育實施條例評析

　　《學校型態實驗教育實施條例》草案最早於 2012 年 4 月 13 日由蔡其昌等立委提出，由教育部參考先進國家法制，整合各縣市意見提出行政院版草案，於 2014 年 9 月 12 日送請立法院審議。其後，立法院在同年 10 月 5 日的委員會會議中，將蔡版及院版之「學校型態實驗教育實施條例草案」，兩案併案審查。本條例最後經立法院三讀通過並於同年 11 月 19 日公布，全文計有五章 23 條；其施行細則經教育部訂定後，於 2015 年 1 月 27 日公布，全文共 8 條。

　　《學校型態實驗教育實施條例》在歷經三年多的實行之後，部分縣市政府希望放寬實驗學校數量的限制，及實驗教育的推動欲往高等教育發展，教育部廣納各界需求，於 2018 年 1 月 31 日完成學校型態實驗教育實施條例修正。

　　以下依各條文、各重點，依序說明評析：

一、立法目的

第 1 條

為鼓勵教育創新，實施學校型態實驗教育，以保障人民學習及受教育

權利，增加人民選擇教育方式與內容之機會，促進教育多元化發展，落實教育基本法第十三條規定。

立法目的主要是保障學習及受教育權利，增加人民選擇教育方式與內容之機會。這說明教育權的主體是人民。

二、主管機關

第 2 條
本條例所稱主管機關，在中央為教育部；在直轄市為直轄市政府；在縣（市）為縣（市）政府。

因此要申辦學校型態實驗教育，如果是國民教育，是屬於地方縣市政府管轄，就要向縣市政府提出申辦許可。

三、實驗教育之定義

第 3 條
本條例所稱學校型態實驗教育，指依據特定教育理念，以學校為範圍，從事教育理念之實踐，並就學校制度、行政運作、組織型態、設備設施、校長資格與產生方式、教職員工之資格與進用方式、課程教學、學生入學、學習成就評量、學生事務及輔導、社區及家長參與等事項，進行整合性實驗之教育。

由此條文規範學校型態，就把辦理實驗教育當成一所學校來看待。公立學校科層體制的制度典章，都要一一比照。只要縣市政府要求公立學校要派一位教師參加研習，實驗學校也不能缺席，因為本身就是一所學校，所以縣市政府是有公文送達的，學校必須核辦公文。

四、申請單位

第 4 條

私立實驗教育學校，由學校財團法人（以下簡稱學校法人）或其他非營利之私法人申請設立，或由學校法人將現有私立學校改制。

此條明定非營利法人和私立學校之法人都可以申請。而非營利之法人可以包括社團法人和財團法人。

五、審議

第 5 條

實驗教育審議會置委員九人至二十五人，由各該主管機關就熟悉實驗教育之下列人員聘（派）兼之，其中第四款至第六款之委員人數合計不得少於委員總人數五分之二；任一性別委員人數不得少於委員總人數三分之一：一、教育行政機關代表。二、具有會計、財務金融、法律或教育專業之專家、學者。三、校長及教師組織代表。四、具有實驗教育經驗之校長或教學人員。五、實驗教育家長代表、本人或子女曾接受實驗教育者。六、實驗教育相關團體代表。

前項委員任期二年，其續聘以二次為限。這項規定，是避免各縣市審議會，長期被某一派別之委員掌控。

六、學校型態實驗教育及學校之許可

第 7 條

學校法人或其他非營利之私法人申請辦理學校型態實驗教育，應由其指定之計畫主持人擬具實驗教育計畫，於學年度開始一年前，向各該

主管機關提出，經各該主管機關送實驗教育審議會審議通過後，由各該主管機關許可。

前項實驗教育計畫，應載明下列事項：一、學校名稱。二、實驗教育名稱。三、學校所在地。四、教育理念及計畫特色。五、課程及教學規劃。六、學校制度。七、行政運作、組織型態。八、設備設施。九、實驗規範。十、校長資格與產生方式、教職員工之資格及進用方式。十一、學生入學、學習成就評量、學生事務及輔導之方式。十二、社區及家長參與方式。十三、經費需求、來源及收費基準。十四、預計招收學生人數。十五、實驗期程及步驟。十六、自我評鑑之方式。十七、實驗教育計畫主持人（以下簡稱計畫主持人）及參與人員背景資料。

第 15 條 1

學校法人申請設立或改制私立實驗教育學校，或其他非營利之私法人申請設立私立實驗教育學校，應由各該法人之代表人於學年度開始六個月前，擬具設校或改制計畫，向各該主管機關提出，經實驗教育審議會審議通過後，由各該主管機關許可其設立或改制。

設校或改制計畫，應載明下列事項：一、學校名稱。二、設校或改制之時程。三、預定設校規劃或改制前學校狀況。四、學校位置、面積及相關資料。五、規劃中或現有組織編制及班級師生人數。六、法人登記證書。七、法人資產狀況及經會計師簽證之財務報表。八、前三年學校經費概算及籌措方式。九、法人之代表人、擬聘或現任之校長、教師及其他人員之相關資料或同意受聘意願。

申請學校型態實驗教育，必須經過兩個階段：

第一階段　學校型態實驗教育許可：為於學年度開始一年前，向各該主管機關提出實驗教育計畫，經審議通過後給予許可。

第二階段　私立實驗教育學校之許可：申請設立私立實驗教育學校，應

由各該法人之代表人於學年度開始六個月前，擬具設校或改制計畫，向各該主管機關提出，經實驗教育審議會審議通過後，由各該主管機關許可其設立或改制。

　　因此如欲申請學校型態之實驗教育，必須要耗費一年的時間準備期，前六個月經過實驗教育計畫之許可，才能在學年度開始六個月前，擬具設校或改制計畫，向各該主管機關提出經實驗教育審議會審議通過後，由各該主管機關許可其設立或改制。

七、實驗學校設立規定

（一）學生招收人數

第 14 條

每年級學生人數不得超過五十人，自國民教育階段至高級中等教育階段學生總人數，不得超過六百人。但僅單獨辦理高級中等教育階段或國民中學教育階段者，其學生總人數，分別不得超過二百四十人，每年級學生不受五十人之限制。

　　由此法條之學生規範，國小至高中共計十二年，每年級 50 人，總人數剛好是 600 人。但如果單獨辦國中或單獨辦高中，則三個年級不超過 240 人，亦即每個年級可以收到 80 人。

（二）師生比

　　專任教師對學生人數之比例不低於一比十；其應有專任教師人數之一半，得以兼任教師折抵，兼任教師 3 人以專任教師 1 人計算。

（三）場地規範

　　學生學習活動室內場地使用面積，每人不得少於 1.5 平方公尺，其面積不包括室內走廊及樓梯；學生學習活動室外面積，每人不得少於 3 平方公尺。但

每人之樓地板總面積高於 4 平方公尺者，不在此限。

八、公立學校辦理實驗學校

第 23 條

公立學校經校務會議通過後得提出申請，或由各該主管機關指定所屬
高級中等以下公立學校，以學校爲範圍，依據特定教育理念，就行政
運作、組織型態、設備設施、課程教學、學生入學、學習成就評量、
學生事務及輔導等事項，辦理學校型態實驗教育。
原住民重點學校以外之公立學校辦理學校型態實驗教育，其學校總
數，不得逾主管機關所屬同一教育階段總校數百分之五，不足一校
者，以一校採計。

公立學校亦可依法令申辦學校型態實驗教育，以彰化縣國小 176 所爲例，
申辦校數百分之五，最多可以 9 所國小申辦。

九、法條評析

《學校型態實驗教育實施條例》整個法條的精神，即是在學校型態下實施
實驗教育，對於教育主管機關而言：就是把它視爲一所學校看待。因此學校應
有的運作，必須遵照，但相對而言，學校應有的權利，也可以擁有。比如說學
校型態的實驗教育擁有學校自己的學籍，不用千拜託萬拜託寄籍在公立學校
裡。以下就法條之重點進行評析：

（一）申請門檻要求比較高

申請學校型態實驗教育必須經過兩個階段：第一階段學校型態實驗教育許
可：爲於學年度開始一年前，向各該主管機關提出實驗教育計畫，經審議通過
後給予許可。第二階段私立實驗教育學校之許可：申請設立私立實驗教育學

校，應由各該法人之代表人於學年度開始六個月前，擬具設校或改制計畫，向各該主管機關提出，經實驗教育審議會審議通過後，由各該主管機關許可其設立或改制。

實驗教育計畫，應載明十七項事項，必須逐一列出審查。所以要求的條件比較嚴格，審查時間亦較長。

（二）擁有學籍

學校型態實驗教育，本身視爲一所學校，所以自己擁有學籍，不必寄籍在公立學校裡，這是非常方便的。學生畢業時，自己可以核發畢業證書。對家長而言，如欲轉學，不用再到另一所寄籍學校辦理。對實驗教育辦理者，常面對家長質疑實驗教育辦理者是否合法、是否畢業後會影響到學籍的疑慮等等。如果擁有學籍，家長會對學校有比較有信心，招生也比較有利。

（三）招生人較多，營運比較符合經濟規模

學校型態實驗教育，自國民教育階段至高級中等教育階段學生總人數，不得超過 600 人。亦即如果招滿自國小國中至高中十二年一貫，全校總額可依法招收 600 位學生，依學校經營最適規模，有 600 位學生營運，就不致虧損。

但僅單獨辦理高級中等教育階段或國民中學教育階段者，其學生總人數，分別不得超過 240 人，每年級學生不受 50 人之限制。由此規定可以了解如果單純辦理實驗國中或實驗國小，每年級不只 50 位，還可以招收到 80 位學生，比較容易經營。

（四）公立學校亦可辦理實驗教育，提升競爭力

面對少子化浪潮，公立學校面臨減班裁校的危機，此法條授予公立學校可以辦理實驗教育，對某些偏鄉小校，雖處海邊或山上地帶，擁有豐富地理人文歷史特色，是一大轉型利基。但公立學校辦理學校型態實驗教育，其學校總數，不得逾主管機關所屬同一教育階段總校數百分之五，限縮其成教育主流市場，有其必要性。

第三節　高級中等以下教育階段非學校型態實驗教育實施條例評析

　　非學校型態教育於實驗教育三法中最早開始發展，起因於1982年依據《強迫入學條例》規定，允許身心狀況特殊之學生在家教育（李柏佳，2015），直至1999年《教育基本法》第十三條說明政府及民間得視需要進行教育實驗，以及《國民教育法》第四條修正案公布：「……國民教育階段得辦理非學校型態之實驗教育……」，各縣市開始發展各樣的非學校實驗教育。

　　歷時十多年立委、專家智庫、家長及壓力團體的努力，於2014年通過《高級中等以下教育階段非學校型態實驗教育實施條例》，其第三條明示：「非學校型態實驗教育，指學校教育以外，非以營利為目的，採用實驗課程，以培養德、智、體、群、美五育均衡發展之健全國民為目的所辦理之教育。」是以，非學校型態實驗教育於課程、教學、評量、時間安排等方面應保持彈性，以適應學生個別學習需求，發揮其功能，達到五育均衡發展的目的（吳清山，2011）。

一、立法目的

第1條

為保障學生學習權及家長教育選擇權，提供學校型態以外之其他教育方式及內容，落實教育基本法第八條第三項及第十三條規定。

　　此條文明示非學校型態實驗教育，是學校型態以外的教育，其不同是教育的內容和方式，所謂內容，即是課程不受課綱的限制，可以自訂自己要上的課程。所謂的方式，即是包括上課的時數、上課的場地、上課的教師、評量的方式，都可以跟體制內的學校不同。這種鬆綁是非常寬鬆的，讓辦學者有許多空間。

二、非學校型態實驗教育定義

第 3 條

本條例所稱非學校型態實驗教育（以下簡稱實驗教育），指學校教育以外，非以營利爲目的，採用實驗課程，以培養德、智、體、群、美五育均衡發展之健全國民爲目的所辦理之教育。

此條文明示非學校型態，最大的特色即是採用實驗課程，而此實驗課程即是體制內課綱的課程無法實施的課程，例如：課綱課程一週只有外語課 1 至 2 節，而辦理者欲實施一週上 20 節外語課，這是可行的，符合實驗教育的精神。

三、辦理方式

第 4 條

實驗教育應依下列方式辦理：一、個人實驗教育：指爲學生個人，在家庭或其他場所實施之實驗教育。二、團體實驗教育：指爲三人以上學生，於共同時間及場所實施之實驗教育。三、機構實驗教育：指由學校財團法人以外之非營利法人（以下簡稱非營利法人）設立之機構，以實驗課程爲主要目的，在固定場所實施之實驗教育。

由這條規定，可以了解實驗教育強調鬆綁，主要在非學校型態完全體現。不想進入科層體制的學校，可以在家自行教育，申請個人實驗教育或團體實驗教育。

法條規定：前項第二款團體實驗教育學生總人數，以 30 人爲限。第一項第三款機構實驗教育，每班學生人數不得超過 25 人，國民教育階段學生總人數不得超過 250 人，高級中等教育階段學生總人數不得超過 125 人，且生師比不得高於十比一。

機構申請如屬國小階段，不得超過 250 人，每班 25 人，亦即國小一至六

年級最多可招收到 10 班。如單辦國中階段，亦可申請 10 班之規模。如同時辦理國中國小，則要合併計算。

四、申請程序

第 6 條

申請人應填具申請書，並檢附實驗教育計畫，至遲於每年四月三十日或十月三十一日前提出申請。

第 13 條

直轄市、縣（市）主管機關應自受理前項申請之日起算二個月內，作成許可與否之決定，必要時，得延長一個月，並通知申請人。

由上述條文可知非學校型態，自受理申請三個月即應作成許可與否。因此每年 10 月 31 日申請，如果順利，三個月後即隔年 2 月 1 日即可開辦。如果每年 4 月 30 日前申請，如果順利，三個月後即 8 月 1 日即可開辦。

至於申辦之詳細規定，將於後面專章討論，先不做分析。

五、場地規範

第 7 條

於固定場所辦理團體實驗教育及機構實驗教育者，應符合下列規定：

一、學生學習活動室內場地使用面積，每人不得少於一點五平方公尺，其面積不包括室內走廊及樓梯；機構實驗教育除應符合室內場地使用面積規定外，學生學習活動室外面積，每人不得少於三平方公尺，但機構實驗教育每人之樓地板總面積高於四平方公尺者，不在此限。

二、教學場地，以地面以上一層至五層樓為原則。

三、建築物應符合 D-5 使用組別及建築相關法令規定。

由以上之規定，室內面積如果一位學生有 4 平方公尺者，即合乎規定。另外建築物應符合 D-5 使用組別及建築相關法令規定，所謂的 D-5 即是補習班的建築規格。所以只要租用現成的補習班教室，即可辦理實驗教育。

六、課程內容與教學

第 8 條
實驗教育之教學，應由實質具有與教學內容相關專長者擔任。

由此條可知，實驗教育之師資，不一定要有具備教師證資格，只要有相關專長即可擔任。同時第八條法條亦規定：

實驗教育之課程與教學、學習領域及教材教法，應依直轄市、縣（市）主管機關許可之實驗教育計畫所定內容實施，不受課程綱要之限制；學生學習評量，應依該許可之實驗教育計畫所定評量方式實施。

由此條可知，實驗教育之課程，不一定要照教育部課綱，亦即不用照公立學校的課程實施。

七、審議

第 10 條
直轄市、縣（市）主管機關為審議實驗教育之申請、變更、續辦及其他相關事項，應組成非學校型態實驗教育審議會（以下簡稱審議會），並得依個人、團體或機構實驗教育之屬性，分組審議。
前項審議會置委員九人至二十一人，由直轄市、縣（市）主管機關就

熟悉實驗教育之下列人員聘（派）兼之，其中第四款至第六款之委員
人數合計不得少於委員總人數五分之二；任一性別委員人數不得少於
委員總人數三分之一：一、教育行政機關代表。二、具有會計、財務
金融、法律或教育專業之專家、學者。三、校長及教師組織代表。
四、具有實驗教育經驗之校長或教學人員。五、實驗教育家長代表、
本人或子女曾接受實驗教育者。六、實驗教育相關團體代表。

前項委員任期二年，其續聘以二次爲限；每次聘任之委員中續聘之委
員不得超過委員總數之三分之二。任期內出缺時，得補行聘（派）
兼，其任期至原任期屆滿之日爲止。

由上述條文可知：審議委員具有代表性，不建議長期聘任某些派別委員，
以免受其牽制，影響實驗教育之多元化。

至於審議通過與否，應符合下列因素：

第 12 條

審議會審議實驗教育計畫時，應考量下列因素：一、保障學生學習權
及落實家長教育選擇權。二、計畫內容之合理性及可行性，並應符合
第八條第一項規定。三、預期成效。

前項實驗教育計畫爲辦理團體實驗教育或機構實驗教育者，並應考量
下列因素：一、申請人、實驗教育機構負責人、計畫主持人與參與實
驗教育人員之資格及專業能力。二、計畫經費來源、財務規劃之健全
性及收費規定之合理性。三、授課時間安排之適當性。

非學校型態強調鬆綁與多元化，因此審議實驗教育計畫時，第一考量就是
第一因素：保障學生學習權及落實家長教育選擇權。所以審議時審查委員應尊
重家長與學生學習與選擇權，以家長與學生學習與選擇權爲優先考量。

八、學籍處理

第 15 條

參與國民教育階段個人實驗教育之學生，其學籍設於原學區學校；參與團體實驗教育或機構實驗教育之學生，其學籍設於受理辦理實驗教育申請之直轄市、縣（市）主管機關指定之學校。

非學校型態實驗教育之學生，本身是沒有設籍在實驗教育機構，必須寄籍在公立學校。因此在實務上，機構負責人經常為尋找設籍學校所苦，但法條其實授予主管機關指定設籍學校，而不是負責人自己尋找設籍學校，法條規範與實務運作仍有許多不妥適之處。

九、監督與評鑑機制

第 20 條

辦理個人實驗教育者，應於每學年度結束後二個月內，提出學生學習狀況報告書，為期三年以上之實驗計畫，於計畫結束當學年應併提出實驗教育成果報告書，屬國民教育階段者，報直轄市、縣（市）主管機關備查；屬高級中等教育階段者，報直轄市、縣（市）主管機關核定。辦理團體實驗教育及機構實驗教育者，應於每學年度結束後二個月內，為期三年以上之實驗計畫於計畫結束當學年應併提出實驗教育成果報告書，屬國民教育階段者，報直轄市、縣（市）主管機關備查；屬高級中等教育階段者，報直轄市、縣（市）主管機關核定。

第 21 條

直轄市、縣（市）主管機關應於每學年度邀集審議會委員或委託相關學術團體、專業機構辦理個人實驗教育及團體實驗教育之訪視；於訪視前，應公布訪視項目，訪視後，應公布訪視結果；必要時，並得請

參與或辦理實驗教育之學生、家長、團體進行成果發表。直轄市、縣（市）主管機關認有必要時，得請審議會指定委員攜帶證明文件，赴實驗教育機構進行訪視、調查，並得要求該機構之代表人或承辦人員提出報告或提供必要之文書資料及物品；或洽請有關機關協助執行。

上述條文規定對實驗教育其實有許多監督機制，除了學年度結束應提出實驗教育成果報告書，主管機關也每年會辦理個人實驗教育及團體實驗教育之訪視。

第 22 條 1
直轄市、縣（市）主管機關應於機構實驗教育計畫期滿三個月前，對機構實驗教育辦理成效評鑑；經評鑑通過者，得依第六條第一項所定期限，檢具實驗教育計畫成果報告書及後續之實驗教育計畫，向直轄市、縣（市）主管機關申請續辦。但有情況急迫之特殊情形者，實驗教育計畫主持人得於評鑑通過前，向直轄市、縣（市）主管機關提出續辦之申請。

而對於機構實驗教育，實驗教育計畫期滿三個月前，就要接受成效評鑑，這牽涉到是否能繼續續辦的關鍵，如果評鑑成績不好，就不能再辦了。

第 23 條
實驗教育之實施違反本條例或實驗教育計畫、經實驗教育評鑑結果辦理不善或有影響學生權益之情事者，直轄市、縣（市）主管機關應令其限期改善，屆期未改善者，經審議會審議通過後，廢止其辦理實驗教育之許可。

因此如果辦理實驗教育者，每年必須呈送計畫報告書、接受每年的訪視，實驗計畫期滿三個月，還要接受評鑑。評鑑通過，方能續辦。從法條來看，監

督機制設計，可說非常完善！

十、鼓勵機制

第 24 條

直轄市、縣（市）主管機關對學生、家長、團體或機構於申請、參與
或辦理實驗教育之過程中，應提供必要之協助及輔導。

第 25 條

各級主管機關得編列預算，對實驗教育機構予以補助。中央主管機關
應依直轄市、縣（市）政府財力級次予以補助，並應專款專用。

從法條第二十四條來看，政府對非學校型態實驗教育，是持鼓勵的態度！
強調主管機關，必須對辦理者提供協助和輔導。這在學校型態實驗教育實施條
例，並無此條文。

十一、法條評析

非學校型態實驗教育於課程、教學、評量、時間安排等方面，可以說是符
應鬆綁和多元化的要求。讓有心創新教育與教育實驗者，有很大的揮灑空間。
以下就法條之重點進行評析：

（一）對傳統教育鬆綁

非學校型態實驗教育，與傳統的體制內的教育，其不同是教育的內容和方
式，所謂內容，即是課程不受課綱的限制，可以自訂自己要上的課程。所謂的
方式，即是包括上課的時數、上課的場地、上課的教師、評量的方式，都可以
跟體制內的學校不同。這樣的鬆綁，是自中華民國有學校制度以來最大的突
破，打破長期我國教育集權式的管理。

實驗教育之課程與教學、學習領域及教材教法，應依直轄市、縣（市）主管機關許可之實驗教育計畫所定內容實施，不受課程綱要之限制；學生學習評量，應依該許可之實驗教育計畫所定評量方式實施。

由此條可知，實驗教育之課程，不一定要照教育部課綱，亦即不用照公立學校的課程實施。

以往我們常戲稱臺灣的學生，長期是吃「統一麵」長大的。統一的教材，統一的校規，統一的聯考。如今因為實驗教育的立法，可以有不同的泡麵可選，這可是對傳統教育的一大突破。

（二）主管機關介入較少

非學校型態實驗教育，其屬性只是一項實驗教育計畫，它不是一所學校，它是一項「program」、「project」。因此對於教育主管機關而言，不列入公立學校管轄，因此不會要求派員開會、派員研習。也沒有編配視導區督學，也不會天天寄發公文要求辦理。

因此實務上，一年內實驗教育的辦理中，教育主管機關是完全不介入干預的，除非機構在辦理過程中，有違反規定或遭到家長檢舉，教育主管機關才會介入關心調查。其餘只有在學年度結束後，才必須提出實驗計畫報告書。

綜上所述，辦理非學校型態實驗教育，主管機關介入非常低，給予辦理者極大的彈性及空間。

（三）評鑑機制設計完善

辦理非學校型態實驗教育，直轄市、縣（市）主管機關會於每學年度邀集審議會委員或委託相關學術團體、專業機構辦理個人實驗教育及團體實驗教育之訪視。透過每一年的訪視，其實就可以了解辦理之缺失及改進之處，訪視項目除期末報告書、書面資料，還進行學生訪談、教師訪談、家長訪談。由實際訪談中，審議委員即可清楚的了解辦理情形，而透過訪談，辦理的一些缺失常常無所遁形！

（四）法令鼓勵窮人可以辦學

法令對非學校型態之申辦者，條件門檻非常寬鬆。以往自武訓興學以至於後來鼓勵私人辦學，形成財團方能私人辦學。而自從實驗三法立法後，開啟窮人辦學的大門。

我們如果到外國參觀學校，常發現學校就只有一棟「building」建築物，一棟建築物，學生在裡面就可從事教學和學習。實驗教育採取這種精神立法，只要一棟符合 D5 補習班建築規格，即可辦理實驗教育。而且也不用龐大的資金，只要組成社團法人或財團法人都可以辦學，由此立法也開啟窮人辦學的大門！

第四節　公立高級中等以下學校委託私人辦理實驗教育條例評析

《公立高級中等以下學校委託私人辦理實驗教育條例》，在實驗教育三法是比較不受討論的一個法條，一般都會以「公辦民營法」來代稱，以下亦以此簡稱。

依據教育部 110 年的統計報表：109 學年公辦民營實驗教育計畫通過校數計有 13 所，較 104 學年增加 10 所，其中宜蘭縣、雲林縣各 3 所；學生人數 2,379 人，較 104 學年 1,357 人增加 1,022 人，其中國小 1,329 人、國中 830 人、高級中等學校 220 人，以宜蘭縣 1,242 人最多，雲林縣 1,108 人次之。

從報表來看公辦民營，至 109 學年度才只有 13 所參加，而其中宜蘭縣、雲林縣各 3 所，因此其他縣市合計才只有 7 所，表示社會各界及各縣市政府反應沒有特別積極。

由於公辦民營，必須有公立資源的規範，也要有私人辦學的規範，因此在申辦的門檻相對的高，申請也因此較少。以下針對法條評析：

一、立法目的

第 1 條

爲促進教育創新，鼓勵私人參與辦理公立高級中等以下學校（以下簡稱學校）實驗教育，以保障人民學習及受教育權利，增加人民選擇教育方式與內容之機會，促進教育多元化發展，落實教育基本法第十三條規定。

此法條希望爲了促進教育創新，鼓勵私人參與實驗教育，而實驗的目的還是爲了保障人民學習及受教育權利，增加人民選擇教育方式與內容之機會。

二、委託、受託辦理之定義

第 3 條

本條例用詞，定義如下：

一、委託私人辦理：指核准設立學校之主管機關（以下簡稱各該主管機關），依學校辦學特性，針對學校土地、校舍、教學設備之使用、學區劃分、依法向學生收取之費用、課程、校長、教學人員與職員之人事管理、行政組織、員額編制、編班原則、教學評量、學校經費運用及學校評鑑等事項，與受託人簽訂行政契約，將學校之全部委託其辦理，或將學校之分校、分部、分班或可以明確劃分與區隔之一部分校地、校舍，於新設一所學校後委託其辦理。

二、受託人：指受各該主管機關委託辦理學校之本國自然人、非營利之私法人或民間機構、團體。但學校財團法人及其設立之私立學校或短期補習班，不得爲受託人。

三、受託學校：指由受託人受各該主管機關委託辦理之學校，仍屬公立學校。

公辦民營，不管由誰受託，受託人受各該主管機關委託辦理之學校，仍屬公立學校。因此說明受託人雖不是公務人員，但他卻在從事公務行為，他是廣義的公務人員。

三、申請及審查程序

第 6 條

各該主管機關就學校委託私人辦理，應先邀請學者、專家、地方社區人士、家長或相關人士進行專案評估，並舉行公聽會。

自然人、非營利之私法人或民間機構、團體，就特定學校委託私人辦理，得向各該主管機關申請核准。由申請人進行專案評估，並舉行公聽會；申請人進行專案評估，並舉行公聽會後，應彙整專案評估及公聽會資料，報各該主管機關審核專案評估是否通過。

第 8 條

1. 前條申請，應提出經營計畫，載明下列事項：一、申請人為自然人者，其姓名及住所或居所；申請人為私法人或民間機構、團體者，其名稱及公務所、事務所或營業所。二、計畫執行期間。三、辦學目標、理念、特色及預期效益。四、依第五條第二項規定，擬不受限制之法規規定、理由及替代方案。五、擬聘校長之學、經歷及專長。六、擬訂行政組織及員額編制。七、人員進用方式及相關事項。八、課程規劃及教學設計。九、校園規劃、環境設計及教學設備計畫。十、招生對象、招生人數及班級數等招生計畫。十一、近程、中程及長程財務規劃。十二、各該主管機關所定其他相關事項。

2. 前項經營計畫，各該主管機關應送請相關學者專家初審，並依學校屬直轄市、縣（市）立或國立，分別經直轄市、縣（市）教育審議委員會或中央主管機關所組學校委託私人辦理審議會（以下合稱審議會）複審。複審通過後，由各該主管機關核准委託辦理後通知申請

人，並刊登公報。

公辦民營之進行，有兩個步驟：

第一個步驟是主管機關審核專案評估是否通過，第二個步驟是與各該主管機關簽訂行政契約。

而第一步驟也有二種方式：

第一方式是主管機關認為有委託之需要，主管機關就應先邀請學者、專家、地方社區人士、家長或相關人士進行專案評估，並舉行公聽會。

第二方式是特定學校委託私人辦理，得向各該主管機關申請核准。由申請人進行專案評估，並舉行公聽會；申請人進行專案評估，並舉行公聽會後，應彙整專案評估及公聽會資料，報各該主管機關審核專案評估是否通過。如果主管機關核准後，當專案評估審核通過後，就進行第二步驟：

第 9 條

申請人應自收受核准委託辦理通知之次日起一個月內，與各該主管機關簽訂行政契約，其內容，除經依前條第二項複審通過之經營計畫外，應包括下列事項：一、學校名稱及所在地。二、委託辦理期間。三、入學時間及學區劃分。四、各該主管機關應協助事項。五、雙方應負擔經費及辦理事項。六、具體績效指標。七、移轉管理標的。八、違約之處理。九、其他相關事項。

簽訂契約，原則上是雙方都應照合約之相關規定遵守履行，如有違約，則應照違約規定求償。

四、教職員工權利義務

公辦民營，對教職員工是相當複雜的。因為原來之學校一定是公立學校，已經有原來之校長及教職員工，理念相符的可以留下來，應有的權利一定會被

保障。理念不符的教職員工，主管機關必須轉介。

第 11 條

各該主管機關就學校委託私人辦理前，原學校依教育人員、公務人員相關法規聘任、任用之現有編制內校長、教師及職員，於委託日隨同移轉至受託學校繼續聘任、任用者，仍具教育人員、公務人員身分；其任用、服務、懲戒、考績、訓練、進修、俸給、保險、保障、結社、退休、資遣、撫卹、福利及其他權益事項，依原適用之教育人員、公務人員相關法規辦理。

第 12 條

前條第一項之原學校校長、教師及職員不願隨同移轉至受託學校者，應由各該主管機關先參酌其意願予以專案安置，或於委託日依其適用之法規辦理退休或資遣。

第 16 條

受託人得依校務發展及辦學特色需要，聘請具特定科目、領域專長人員擔任教學人員，具教師證書者，得優先聘任。

　　具教師證書之編制外專任教師，依下列規定辦理：一、退休、撫卹、資遣、保險事項，依受託學校人事管理規章規定辦理，不適用公立學校教師相關法令。

　　不具教師證書之教學人員，其待遇與福利事項，依受託人與教學人員所定契約及受託學校人事管理規章辦理。

　　其處理辦法如下表所示：

表 3-1
公辦民營教職員留用聘用處理情形表

聘用方式	處置方式
現有教職員工願意留聘	依原適用之教育人員、公務人員相關法規辦理
現有教職員工不願意留聘	由各該主管機關先參酌其意願予以專案安置，或於委託日依其適用之法規辦理退休或資遣
具教師證書之編制外專任教師	依受託學校人事管理規章規定辦理，不適用公立學校教師相關法令
不具教師證書之教學人員	依受託人與教學人員所定契約及受託學校人事管理規章辦理

資料來源：作者整理。

五、招生、班級學生人數及教學設備

第 21 條

公立國民小學及國民中學委託私人辦理者，直轄市、縣（市）主管機關與受託人訂定行政契約劃分學區時，得納入其他學區，不受原學校所屬學區之限制；其報名入學學生過多時，以設籍先後或抽籤方式決定其入學優先順序。

公辦民營法令放寬可以跨學區招收學生，不受原學校所屬學區之限制。而其班級學生人數及教學設備，則比照公立學校之編制及設備。

六、評鑑、獎勵及輔導

第 23 條

各該主管機關應組成評鑑小組，定期或不定期對受託學校實施評鑑及輔導。前項評鑑得委託相關學術機構或團體辦理，並於評鑑前公布評

鑑項目、評鑑方式等相關事項，於評鑑後公布評鑑結果。評鑑時，得邀請家長陳述意見。評鑑優良者，得予獎勵；評鑑未達標準者，得以書面糾正、限期改善，並接受複評。複評未通過，各該主管機關應再限期改善。

本法條鼓勵私人興學公辦民營，因此只要審核通過，簽訂契約完成，基本上是不會撤銷的。評鑑未達標準者，得以書面糾正、限期改善，並接受複評。複評未通過，各該主管機關應再限期改善。

七、續約、接續辦理、契約終止及期滿之處理

第 25 條

受託人於委託辦理期間屆滿有意繼續經營者，應於委託辦理期間屆滿一年前提出辦學績效、財務報告、學校評鑑報告、後續經營計畫等，向各該主管機關申請續約。

第 30 條

委託辦理期間屆滿，受託人未與各該主管機關續約者，其依第十一條第一項規定隨同移轉至受託學校之教師及職員及依第十六條第二項適用公立學校教師相關法令之編制內教師，除辦理資遣或退休者外，由原學校繼續任用。前項以外之教學人員及職員，除辦理資遣或退休者外，應由受託人自行負責處理。

公辦民營因為是與主管機關簽訂委託契約，因此契約結束，如要續辦，受託人須於委託辦理期間屆滿一年前，提出辦學績效、財務報告、學校評鑑報告、後續經營計畫等，向各該主管機關申請續約。

八、罰則

第 31 條

受託人或校長違反第二十條第一項規定者，由各該主管機關處新臺幣
五萬元以上二十萬元以下罰鍰；其同時違反公職人員利益衝突迴避法
者，優先適用該法處罰。

以往有一些民間團體，由於不諳法令又無行政經驗，往往違反利益迴避
法，進用自己的三等親為教職員工。也有因不諳會計程序，核銷不合程序，進
而觸法，這是要特別注意的，因為公辦民營之教職員工，犯罪皆比照公務人員
的。

九、法條評析

公立高級中等以下學校委託私人辦理實驗教育條例，簡稱公辦民營法，它
在實驗教育三法參與的人數是最少，因為它的條件比較複雜，必須主管機關有
公立學校廢校之空間，也必須有團體願意承接辦理。綜觀此法條評析如下：

（一）鼓勵教育創新

在少子化的浪潮下，公立學校面臨減班裁校的危機。傳統的課程設計已經
不符合時代的需求，體制內的學校無法突破僵化的窠臼，倒不如讓學校脫胎換
骨，破繭重生。因此公辦民營法，即是教育創新的一項出路，讓有心經營者能
打破舊有行政框架，進行組織再造，創造教育的競爭力。

（二）教職員工權益保障

當公立學校因少子化而不能生存，原來之校長及教職員工，理念相符的可
以留下來，應有的權利一定會被保障。理念不符的教職員工，主管機關必須轉
介。

在法條裡規範非常清楚，現有教職員工願意留聘，繼續優先留聘。現有教職員工不願意留聘，則優先轉介或辦理退休或資遣。具教師證書之編制外專任教師及不具教師證書之教學人員，原則上都是比照勞基法來聘用，不占公立學校之編制，以免增加地方政府財政負擔。

本章小結

學校型態實驗教育實施條例，即是意謂「準學校」。如果申辦即擁有學校之權利，但相對也增加許多科層體制的束縛，在申辦審查過程中，比較嚴謹，也增加許多難度。

而高級中等以下教育階段非學校型態實驗教育實施條例，是最符合實驗教育之鬆綁多元之精神，既無科層體制的束縛，亦能多元化的辦學。唯一是學生學籍無法自己擁有，必須寄籍公立學校，也造成諸多不便。

公立高級中等以下學校委託私人辦理實驗教育條例，簡稱公辦民營法，它在實驗教育三法參與的人數是最少，因為它的條件比較複雜，既然使用公家之資源，辦理人員必須受到嚴謹之規範，比如政府經費之核銷，如不按照核銷會計程序，有可能比照公務人員觸犯貪汙罪，因此申辦者往往意願較缺。

參考文獻

李柏佳（2016）。學校型態實驗教育實施條例解析—國民教育階段爲例，**學校行政雙月刊，101**，15-33。

吳清山（2011）。非學校型態實驗教育的新紀元。**師友月刊，531**，53-57。

吳清山（2015）。「實驗教育三法」的重要內涵與策進作爲。**教育研究月刊，258**，42-58。

楊振昇（2015）。從實驗教育三法析論我國中小學教育之發展。**教育研究月刊，258**，15-27。

黃彥超（2016）。實驗教育三法分析與影響之探究。**臺灣教育評論月刊，5**(4)，頁44-49。

詹志禹、吳璧純（2015）。偏鄉教育創新發展。**教育研究月刊，258**，28-41。

第 4 章

實驗教育對公立體制教育之衝擊

　　實驗教育自 103 年開辦以來，參與的學生數急速成長。學生數近 2 萬人，五學年間參與學生數增加 1.4 萬人或 2.7 倍。實驗教育學生人數高達 2 萬人，如以每班 28 人計算，公立學校等於減少 714 班，亦即有 714 班學生，由公立流入實驗教育。因為實驗教育的興起，也對公立體制教育產生極大的衝擊！

　　根據教育部統計，自民國 100 年至民國 109 年間，國小的新生入學人數已減少近兩成。伴隨著少子化，公立學校面臨之危機，可說是雪上加霜。本章第一節就實驗教育對公立學校之衝擊，提出探究。第二節並提出公立學校面對衝擊的因應之道。第三節提出兩所公立學校轉型之成功實例。

第一節　實驗教育對公立學校之衝擊

　　實驗教育由於法令的鬆綁，讓教育更為彈性、多元，相較於公立學校受到《國民教育法》的規範，實驗教育有更多的空間！相對地，公立學校許多沒辦法做的，可以在實驗教育實現。面對多元社會，家長對教育的需求，公立學校更顯競爭力不足！以下提出實驗教育對公立學校的四大衝擊：

一、課程不受課綱限制

　　實驗教育的課程，可以不受課綱之限制，亦即可以自己訂定實驗之課程。比如課綱現階段規定國小低年級不能上英語，但某一實驗教育機構一週排定上 20 節英語課，強化學生聽說讀寫的能力。顯然公立學校是比不上的，也因此希望孩子受國際雙語教育的家長，則會由公立學校流入選擇實驗教育就讀。

　　除此之外，實驗教育於上課時間，即可排定更多的特色課程，不必利用課後來上課，也造成公立學校的一大衝擊！

二、教師不用教師證

實驗教育授課，只須對該學科有專長者即可任教，亦即可以聘請不具教師證之專長教師擔任。如此實驗教育，就可聘請到對該課程有專精的業師。比如作家小野創辦影劇實驗學校，就可以聘請一流之演員來授課，這是公立學校比不上的。

三、行政層級扁平化

實驗教育師生比規定要符合一比十，其餘行政編制，都沒有規範。相較於公立學校科層體制，有校長、主任、組長以至各處行政職員，扁平化的行政能節省人事成本，亦較有行政效率！

四、學習不必到學校

實驗教育有在家自學個人實驗教育、團體實驗教育，容許學生不用到傳統的公立學校上學。當學習的場所，不限於學校，體制內的公立學校，就喪失其優勢了！家長可選擇在家受教育，就可以不到公立學校就讀了。

第二節 公立學校因應之道

公立學校面對實驗教育的興起，遇到經營上的衝擊，造成家長選擇實驗教育，可能連帶的公立學校，也須面臨減班之困難。那如何因應實驗教育帶來之衝擊，本節提出四項因應之道：

一、刺激公立學校轉型

公立學校雖然有其科層之限制，但面對實驗教育的衝擊，必須在特色課程、教學方法、教材的研發、學習成效及親師的溝通上，進行組織的改造，否則將會造成學生流失減班之噩運。

而身處偏遠之小校，亦可轉型成實驗學校，發展學校本位課程，實施特色課程，讓辦學更為鬆綁多元。

二、辦學必須顧客導向

長久以來，公立學校在辦學上比較保守，不能跟上時代的進步。而家長是孩子的教育選擇者，廣義的說：即是學校教育的顧客。而家長對學校教育及孩子的學習，其教育之需求趨勢，亦隨時代而有所轉移。早期家長認為灌輸式的教育，已轉移至民主無壓力的學習。企業管理講求全面品質管理：以顧客第一，重視家長的教育需求，加強親師溝通，應該是公立學校所應努力的方向。

三、學校必須發展特色

家長對學校教育之需求，每位都不太一樣，有的可能喜歡雙語教學，有的可能喜歡品德課程，有的可能喜歡自然探索教育。因此公立學校必須找出自己學校適合發展之特色課程，設計學校本位課程，找出學校的亮點。唯有發展自己學校特色，才能與實驗教育相比，贏得家長的信賴。

四、教育品質必須提升

「品質是價值與尊嚴的起點」，長久以來，教育之成效是比較難量化的。但是學校老師的教學成效，是日積月累的。整體學校的辦學成效，可從行政效率、教學活動、學生表現、親師互動等方面評鑑。因此在這幾方面，公立學校必須要注意品質的提升，才能贏得家長的信任。

第三節　公立學校轉型之實例

　　公立學校面對科層體制的束縛，又加上少子化及實驗教育的興起，學校經營面臨前所未有之挑戰，因此唯有改變才能生存。本節舉出兩所公立學校轉型成為實驗學校之成功實例。因為轉型成功學生回流，每年招生額滿，值得公立學校學習！

一、臺北市博嘉實驗國民小學

　　博嘉實小位於臺北市邊陲地帶，交通較為不便，同時，附近有幾所較大的學校，加上小學校的資源如設備及師資較少，因此嚴重受少子化衝擊。面對少子化問題，多所學校紛紛轉型，其中，博嘉實驗國民小學（以下簡稱博嘉實小）就是轉型成功的案例之一。博嘉實小轉型為實驗學校後，成功扭轉生育率低迷造成學生人數下降的狀況，成為每年招生均額滿的學校。

　　教務主任陳逸儒表示，博嘉實小學生數原本就比一般學校少，一般學校一個班級約有 40 多人，博嘉實小一班只有 25 人。少子化後，學生人數更減少，民國 98 年時，曾出現一屆一班只有個位數學生，兩班合共只有十多位學生的情況。目前，博嘉實小學生人數有明顯增長，一到五年級學生人數皆額滿，共281 人。

　　博嘉實小從 104 學年下學期開始籌備實驗教育，於 106 學年正式轉型為實驗學校。陳逸儒回憶，早於 101 學年時，博嘉實小就在全校推行特色課程，發展藝術與人文，同時提升國英數的基本能力。陳逸儒認為，轉型為實驗教育學校後，博嘉實小的特色跟招牌則更明顯，實驗教育本來就具一定吸引力，改為實驗教育對博嘉實小招生有很大幫助。

　　博嘉實小目前課程設計中，有很多主題統整、混齡、老師協同教學、跨領域思考等較為實作性及生活化的課程。如公民素養課強調行動力，讓孩子發現生活中的問題，並想到策略改善。同時做到主題統整，如減少剩食的議題，會

同時用到數學、環境生態等知識。藝術課程部分，三到六年級的學生要共同完成一場兒童戲劇發表會，所有事項都由學生處理。陳逸儒表示，讓不同年齡的孩子一同學習、實作的模式會讓學生更愛學習。

而轉型後期，學校亦須面對新制度與舊制度之學生家長對學校期待不一的問題。部分家長擔心實驗教育會導致學生於學科的學習成效不佳，亦有家長對於實驗教育過度期待，將實驗教育誤以為是戶外教育。對此，博嘉實小除了積極舉辦招生說明會、發放資料宣傳，並於學期中邀請家長參與座談會，當面溝通協調各方對於學校教育的疑慮與建議。

轉型成功最大的關鍵為學校的行政人員確實扮演凝聚教職員動力的角色，讓老師願意嘗試並且能撐得下去。轉型後的博嘉實小每年的新生報名人數皆超越招生名額，且學校的教育方式亦受到學生家長的肯定（林佳賢，2018）。

二、新北市建安國民小學

建安國小位於新北市三峽，是個每年級只有一個班級的小校，處在少子化的現代，該校的歷年學生總人數變化並不大。對此，建安國小教務主任賴皓韋表示，雖然在少子化的影響下，本地學生人口數下降，但由於有非本地的學生補足，所以對總體的衝擊並不大。來自外區的孩子比率愈來愈高，像是從新店來的孩子約占總人數的四分之一，導致這個現象的原因，除了家長認同建安國小的教育理念外，還有一部分是因為學生不適應都市的學校，又或者學生是特殊生，所以家長想把孩子送到教育環境較單純、自由的學校就讀。

除了博嘉實小以實驗教育吸引學生回流，建安國小則以地利之便推動特色教育課程。不同於傳統教育體制的小學，蝴蝶紛飛、蛙鳴清脆的建安國小顯得獨樹一格，甚至校園內還設計攀岩及高空繩索教室，學校地處群山環繞中，自然資源豐富，因此學校教師決定結合在地特色，發展環境教育課程（林佳賢，2018）。

由上述兩個轉型之成功例子，可以了解：持續減班、學生流失之公立學校，與其坐以待斃，不如思索轉型。這兩個學校之所以轉型成功，端在學校領

導者和全體員工願意改變、追求進步，並共同討論出學校之優勢和劣勢、機會和威脅，即 SWOT 分析。決定結合在地特色，發展出學校本位之特色課程，扭轉劣勢，學生回流增加，這兩所學校，可說是轉型成功的最佳模範！

本章小結

　　實驗教育由於法令的鬆綁，讓教育更為彈性、多元，相較於公立學校受到《國民教育法》的規範，實驗教育有更多的空間！面對多元社會，家長對教育的需求，公立學校更顯競爭力不足！公立學校面對科層體制的束縛，又加上少子化及實驗教育的興起，學校經營面臨前所未有之挑戰。可以預見的教育兩大趨勢：即是公立學校不斷的減班裁校，和部分家長選擇讓孩子至私立學校就讀。

　　因此公立學校面對實驗教育的衝擊，必須思考如何轉型，否則只能坐以待斃。本章舉出兩所公立學校轉型成為實驗學校之成功實例。因為轉型成功，學生回流，每年招生額滿，值得其他公立學校學習！

參考文獻

林佳賢（2018）。少子化下逆勢成長！學生數暴增 7 成滿額，這兩校怎麼辦到的？線上檢索日期：2022 年 3 月 2 日。取自網址：https://www.cw.com.tw/article/5091893。

第 5 章

實驗教育運作之困難探究

實驗教育自從 103 年 11 月立法以來，激起教育生態的巨大衝擊，從教育部統計與行政院資料也可見，實驗教育學生數（含非學校型態、學校型態、公辦民營）的年增率逐漸趨緩。106 學年至 109 學年學生數年增率分別爲 34.6%、22.6%、14.6%、13%。

根據上述資料可以發現，實驗教育近十年來風起雲湧，蔚爲教育風潮，形成教育研究之顯學。但實施五年後從 103 至 108 年是全盛時期，109 年後開始趨緩，申辦數有走下坡的趨勢，到底實驗教育在實施上有哪些困難和瓶頸，將於本章進行探討。

本章第一節舉出實驗教育機構因辦理不善，而被主管機關停招停辦之例子。第二節針對爲何辦理不善，起因是對實驗教育錯誤認知，提出探究。第三節分析實驗教育運作之困難有哪些？第四節再針對實驗教育運作之困難，提出解決之道。

第一節　實驗教育停招實例

實驗教育不管是學校型態或非學校型態，都必須提出實驗教育計畫送審，如果計畫通過審查，那就必須按照計畫所訂之課程來實施實驗課程。而計畫所訂之收費，雖然沒有一定之上限，但是一旦通過，就不能巧立名目額外收費，否則遭到家長檢舉，主管教育機關就會介入調查。輕者警告改進，重者則勒令停招停辦。本節舉出曾經媒體報導之兩個停招實例，一爲運思實驗教育機構，一爲臺中某國際實驗教育機構。

一、運思實驗教育機構

資策會旗下的運思實驗教育機構去年才招生，但沒想到開辦才一年多就驚傳停招，讓部分家長超不滿，光一年學費就高達 16 萬，結果孩子卻無法順利升學。運思回應說，將向北市教育局申請延長辦學一年，讓學生順利畢業，而

資策會也坦言欠缺深思熟慮。資策會邀集 30 家本土企業共同發表《數位轉型化育者》新書，分享協助企業數位轉型成功案例，不過現在卻傳出資策會為了培育人才，創立運思實驗教育機構 2021 年招生，但沒想到開辦一年多，就驚傳停招。

資策會創辦的「運思」標榜透過運算思維，讓學童玩機器、培養邏輯思考，非傳統填鴨式辦學，吸引家長將孩子送入機構。2018 年才立案的運思向北市教育局提出三年計畫，才招生，現在卻傳出停招，引起家長不滿，光一年學費就高達 16 萬，結果孩子無法順利升學，要回歸正式體制恐怕出現問題！

面對家長反彈，運思發出聲明稿，說明原本計畫終止日延長到 2022 年 7 月底，讓學生都順利畢業。資策會執行長卓政宏則表示，「一開始可能沒有考慮周到，所以會碰到很多問題，但是我們知道犯了錯，就要趕快改，不要這樣一直撐下去，很早就跟教育局達成共識，我們會延長到學生國中或高中，至少一定會到他們畢業階段」。

資策會也坦言欠缺深思熟慮，加上實驗教育機構問題複雜，讓不少想要培養小唐鳳的家長承擔未知的風險，強調未來會改變培養人才方式（2020 年 7 月 23 日，民視新聞）。

資策會是在 1979 年由政府與民間共同成立，雖是私法人，但是有一定的公信力，驚傳辦理一年就停辦，不禁讓人不勝唏噓！

二、學費爭議

根據三立新聞（2021）報導：

臺中有家長把孩子送去號稱能申請國際文憑的實驗教育機構就讀，每學期乖乖繳高達 20 萬元的學費，事後卻發現，教育局核定的收費金額是 11 萬 3 千元，怒控被當肥羊多收錢，要求退還溢收款。不過機構負責人強調「誤解」，教育局接到投訴後，要求機構退費，否則將可能廢止許可證。

北歐風校園，這所國際實驗教育機構座落在寸土存金的臺中七期，學制從小一到國中，現在卻爆出超收學費的爭議。繳費通知單上，實驗教育常態學費

爲 10 萬元，選修課程學費也是 10 萬元，一學期應繳金額高達 20 萬元，家長爆料，傻傻繳了一整個學年，才驚覺學費收得很有問題。

投訴家長：「這些費用總加起來，不可以超過 11 萬 5 千（核定收費 11 萬 3 千）」、「把這些零零總總一大堆加一起之後要 20 萬」。

臺中教育局主祕王淑懿：「要求限期改善，屆期沒有改善，經過實驗教育審議會審議通過以後，會廢止實驗教育的許可」。

這間教育機構，當初以芬蘭式教學以及號稱能申請國際文憑吸引家長，如果因爲溢收學費，家長槓上學校，至少 10 人要求退費。

有家長說花了這麼多錢，小學部只有數學課本、中文讀本，中學部連數學課本也沒有，其他的教材都是零零星星從外文書籍影印下來、東拼西湊的學習單，根本看不出整個 IB 教學的系統，也不知道這樣影印的「自編教材」是否違反智慧財產權，給孩子不良的示範？加上創辦人強調不要給孩子讀書考試的壓力，所以經常沒有回家作業、沒有定期的評量，也不知道孩子到底學到了什麼。在這種輕鬆自由的學習環境下，孩子如果沒有自主學習和自律能力，可能只得到放縱的快樂，得不到實質的進步。

另外，該機構行事曆訂每年 8 月開學，2021 年 8 月 2 日適逢疫情延長二級警戒，各級學校尚未開放學生到校上課，但因爲機構新學年學費早就於 5、6 月收取，若因疫情未鬆綁仍實施線上課程，家長恐會要求退費，所以改以「新生訓練」的營隊名義照常開學，讓許多擔心疫情傳染風險的家長十分爲難，只好自願放棄到校，無法要求退費。

第二節　實驗教育認知之迷思

由上節兩個實驗教育停招的例子，可以了解自實驗教育立法以來，各縣市方興未艾如火如荼地辦理，但由於各機構之素質良莠不齊，造成有些機構鎩羽而歸。有者被檢舉而被勒令停招，有者招生不力而停辦。而這其中或許存在著辦理者對實驗教育之迷思及錯誤認知，造成停辦停招之窘況。本節就家長及辦

理者之迷思提出探討：

一、家長對實驗教育之迷思

（一）實驗教育是適應不良學生之收容所

自從實驗教育開辦後，有一些在公立學校學業或行為適應不良的學生家長，因為不了解實驗教育的內涵，認為實驗教育因為人數少，可能受到更多的照顧，因此將孩子送到實驗教育機構來就讀，這是一大迷思！

這些誤把實驗教育，當成適應不良學生之收容所、或中輟學園，或是誤把實驗教育當作是學生的快樂天堂，不想上課即到教室玩樂，這種誤解將造成教學上的困擾，也造成認同實驗教育的學生，深怕有行為問題學生在一起學習，而不敢進來實驗教育就讀，造成辦理者招生困難，這是一大迷思。

（二）實驗教育是私中的培訓所

有一些智育掛帥的家長，誤認為實驗教育就是另類的私立學校，可以擺脫公立的束縛。在國小階段一、二、三年級，還能認同機構之實驗教育理念，但到了四年級開始，即跟其他家長從眾心理，開始到補習班補習私中課程。補習回來就跟補習班同學比較學業課程，發現成績落後，即質疑實驗教育機構沒有成效！

這些以為實驗教育即是私中的培訓所，只重視智育成績，不重視其他多元學習，造成中途讀了一半，卻轉學到其他學校，這亦是一大迷思！

（三）實驗教育是當白老鼠來實驗

許多家長一聽到實驗教育，就認為是不是把我的孩子拿來當實驗品，比如實驗教育機構將英語教學拿來當實驗課程，家長可能認為機構是想用一種英語教學法，拿來實驗看看英語教學成果好不好？如果使用這種教學方法成效不好，那豈不是我的孩子倒楣了。

這種以為實驗教育是拿孩子當實驗品，亦是一大迷思！

二、辦理者對實驗教育之迷思

（一）實驗教育是永續的事業

　　有些實驗教育之辦理者，不了解實驗教育是一個期程（program），主管機關針對提出的實驗教育計畫審查，可能核准給予三年或六年的實驗期程，並不保證實驗期滿是否能夠續辦？萬一某些縣市政府受到政黨派系之影響評選，或辦理者沒依實驗教育計畫確實執行，而無法續辦。如此當初申辦者投入之經費、設備將一夕化為烏有。如第一節所敘述之二個實驗教育機構被勒令停招或決定停辦，就是一個要付出代價的例子，可能落得血本無歸！

　　這種以為辦實驗教育，可以像私立學校永續經營的想法，亦是一大迷思！

（二）實驗教育是可以營利的事業

　　實驗教育申辦者，必須是非營利之法人提出申請。所謂法人則包括社團法人和財團法人，也包括私立學校申辦，亦是以學校法人提出申辦。而定義法人，即是非營利。亦即創辦者如有盈餘，是不能歸為己有的，必須歸於該法人所有。

　　這種以為辦理實驗教育，除了可以完成自己的教育理念，還可以像外界經營事業一樣，可以賺取更多的財富，亦是一大迷思！

（三）實驗教育是不受行政規範的教育

　　實驗教育立法精神即是希望教育為了創新及多元化，所以辦學給予最大的彈性，包括課程不用照課綱，打破百年來統一教材的束縛，俗稱「吃統一麵長大」的教育窠臼。以及教師不需教師證，打破長期被師範體系壟斷的單一系統。因此教育主管機關，平時亦沒編配視導區督學視導，省去辦理者許多牽制。只有一年一次的訪視和期滿之評鑑，可說是行政最少之干預。

　　但有些辦理者，以為教育主管機關很少介入視導，而以為可以為所欲為，像上述收費例子，不依計畫收費而超收二倍之學費，終被主管機關勒令停招。這種以為實驗教育，可以不受行政規範而為所欲為，亦是一大迷思！

第三節 實驗教育運作之困難

實驗教育三法於 103 年 11 月 19 日立法通過，又於 107 年 1 月 31 日完成修正。修正後之法條，可說非常完備。但所謂「徒法不足以自行」，雖然有詳盡的法條，但執行下來仍有許多困難之處。筆者從 103 年立法通過後，即開始籌備實驗教育，因此以實務工作者之觀察，提出以下運作上困難之處及解決之道：

一、申請計畫面臨各派委員之審查

實驗教育法規範各縣市必須組成審議會進行審議，其中規範由直轄市、縣（市）主管機關就熟悉實驗教育之下列人員聘（派）兼之，其中第四款至第六款之委員人數合計不得少於委員總人數五分之二。第四款至第六款之委員即是：「四、具有實驗教育經驗之校長或教學人員。

五、實驗教育家長代表、本人或子女曾接受實驗教育者。

六、實驗教育相關團體代表。」

如果聘請之委員，是某一派別實驗教育之教師、家長或代表，人數又占五分之二，如果委員存有本位主義，那其他派別的實驗教育申辦者，就會面臨質疑，計畫通過就很困難。因此有賴縣市主管之主辦人及科長，聘請委員必須分散派別委員。

有一實例：有一申辦團體申請雙語教育，審議委員當場駁斥這不是實驗教育，這是多麼迂腐的看法。殊不知實驗教育只要是體制內沒辦法做的，都應容許鬆綁創新。因為現階段國小一、二年級是不能上英語的，三年級以上最多只能上 2 節，那申辦者要實驗一週上 15 節的英語課，那就是實驗教育。因為實驗教育是鬆綁和容許多元！如果實驗教育只是某一派別才算是實驗教育，那就違反立法的原意及精神。

二、寄籍學校尋覓不易

　　學校型態實驗教育本身認定是一所學校，就擁有合法的學籍。而非學校型態實驗教育，無法擁有學籍。雖然法規規定：參與國民教育階段個人實驗教育之學生，其學籍設於原學區學校；參與團體實驗教育或機構實驗教育之學生，其學籍設於受理辦理實驗教育申請之直轄市、縣（市）主管機關指定之學校。

　　由法規得知：辦理非學校型態實驗教育，其寄籍學校是由主管機關指定的學校。但實務上要辦理實驗教育，主管機關常希望申辦者自己找到願意協助寄籍的學校。但一般而言：學校校長基於多一事不如少一事的心態，大多不太願意接受寄籍。一來寄籍學生，不算該校經費補助或員額編制之人數，二來學籍業務增加學校註冊組的負擔。由於上述原因，的確讓許多申辦非學校型態之辦理者卻步！

　　實務上，實驗學校寄籍公立學校，會有以下困擾：

1. 不必要報表，將實驗教育學生列入寄籍學校的學生統計，造成寄籍學校困擾。
2. 實驗教育學生，欲參加校外各項競賽，列入寄籍學校名額，報名參加困難，擠壓寄籍學校名額。
3. 實驗教育欲爭取上級補助經費，必須透過寄籍學校核章，增加寄籍學校主計之困擾。

三、家長對實驗教育之誤解

　　實驗教育之家長自身多半為傳統教育出身，不想讓孩子再受填鴨式教育，而選擇實驗教育。剛開始進入時，總被實驗教育多元創新之教育方式吸引，但經過幾年後，隨著孩子長大，即跟其他家長從眾心理，開始到補習班補習私中課程。補習回來就跟補習班同學比較學業課程，發現成績落後，即質疑實驗教育機構沒有成效！這種認為實驗教育即是另類私中，怕孩子跟不上主流教育之程度，而欲影響實驗教育的辦學方向，是普遍家長對實驗教育的誤解。

　　另外，有些家長認為實驗教育是尊重學生的學習意願，想上就上、不想上就可以請假整天玩樂；或是認為實驗教育是適應不良的收容所。這些都是家長對實驗教育的誤解，將造成辦理者之諸多困擾。

四、辦理時程不能永續

　　學校型態依法規規定：高級中等以下階段學校型態實驗教育：三年以上十二年以下。但經主管機關許可續辦者，得予延長，每次延長期限為三年以上十二年以下。

　　而非學校型態，依法規規定：實驗教育計畫期程，應配合學校學期時間；國民小學教育階段最長為六年，國民中學教育階段最長為三年，高級中等教育階段最長為三年。

　　依上述法條可知：實驗教育是主管機關給予實驗的期程，誰也不敢保證能永續經營。因為牽涉地方自治權責，容易受政治干預。萬一不能續辦，那投注之經費、設備、人力，也讓辦理者有所考量，這是面臨的一大困難！。

五、租用公家場地不易

　　辦理團體實驗教育及機構實驗教育者，得依法申請使用公立學校之閒置空間，或經學校財團法人依法同意租、借私立學校之空餘空間。但實務上在尋找公立學校場地卻是非常困難，因為公立學校的老師，只要該校減班有閒置教室，老師即要求校方改配專科教室。因此永遠教室不夠用，就無法租借給實驗教育團體。而且由於學校本位主義，深怕外來實驗教育學生進入校園，形成一國兩制，霸凌該校學生。

　　而租用公立學校諸多困難，若租用私人場地，又因場地及活動空間不足，經常遭受家長質疑不像學校。由於場地租用不易，如要購置興建，又增加營運成本，亦是辦理者面臨的一大困難！

第四節　實驗教育運作困難解決之道

　　上節以作者實務經營之角度，提出實驗教育運作上之五大困難，有者是主管機關可以改善的、有者可能透過修法才能根本解決。以下利用本節提出解決之道。

一、申請計畫面臨各派委員之審查

　　各主管機關教育局處，要聘請審議委員時，應避免聘請本位主義過重之委員。本位主義的委員，不是自己派別的實驗教育，就全盤否定或刁難，這是相當不專業的。另外聘請之委員，應兼顧各派別之代表，應以更包容鬆綁的心胸，鼓勵各方的實驗教育申辦，如此才是教育之福！

二、寄籍學校尋覓不易

　　公立學校接受實驗教育機構寄放學籍，卻要增加許多行政工作。註冊組必須於學年度開始，協助呈報學籍。如果學生人數多，所有資料必須繕打。學期中，如遇有轉出轉入，家長必須到寄籍學校辦理，再回到機構處理。如此卻增加承辦人許多工作。另外每一學年度開始，學生必須量測身高體重及視力，因為機構沒有該設備，必須帶學生到寄籍學校實施。另外每學年國小一、四年級國中一年級必須接受健康檢查及預防注射，又要載送學生到寄籍學校，非常不方便。

　　辦理非學校型態實驗教育，為維持立法精神，學籍寄籍是合理的。但為讓寄籍學校，願意接受處理學籍等行政工作，建議讓實驗教育之學生，得列入寄籍學校之法定學生數，增加之學生，可以列入經費補助之基數，亦可列入員額編制之依據，如此增加寄籍學校之誘因，就能增加寄籍學校之協助意願。

　　另外，上節有關實驗教育實務上，造成寄籍學校之三大困擾，其解決之道

如下：

1. 實驗教育強調鬆綁，不必要報表，不應列入寄籍學校的學生統計。
2. 實驗教育學生，欲參加校外各項競賽，不列入寄籍學校名額，基於鼓勵性質，應容許獨立報名。
3. 實驗教育欲爭取上級補助經費，不必透過寄籍學校核章，應由機構自行核章負責。

三、家長對實驗教育之誤解

實驗教育的辦理，只是對傳統體制內教育的鬆綁，並不教育的萬靈丹，也不是所有學生都適合的。家長是孩子教育選擇的決定者，有的家長適合傳統體制內的教育，有的家長適合高壓力、高競爭的典型私校教育，有的適合放任自由無壓力的學習環境，就像個人有個人喜歡的菜色，每人都不一樣。

因此在招生時，家長與機構都應充分了解及溝通，機構實驗教育的理念適合，才來就讀，以免造成學生轉學的困擾！

四、辦理時程不能永續

辦理實驗教育，因為要在期滿三個月前接受評鑑，如果沒通過，就不能續辦，如此所耗費之經費設備人力，將付之一炬。所以主管教育機關，對實驗教育應多採鼓勵和協助的態度，既然通過計畫辦理，除非違反計畫、或違法收費、或重大疏失而勒令停招或停辦者，否則應多鼓勵！在續辦時間之核可，應可以延長年限，讓辦理者比較能有保障！

五、租用公家場地不易

近幾年來由於少子化嚴重，公立學校校舍閒置增多，近年來政策推動利用閒置校舍作為非營利幼兒園，及公托之用，由於有公權力，就沒有阻力。而反

觀筆者在尋覓租用校舍時，曾到一所公立小學，發現該校總共有 84 間教室，減班後只需用 42 間教室，一半的教室空出來了。該校卻以學校發展特色，需要各種特色教室為由，婉拒實驗教育之租用，真讓人感嘆萬千！

因此建議教育主管機關，應依教育部頒布之國中小設備標準，確實清查各國中小閒置教室之數量。讓實驗教育辦理者查詢，如果有合適之場地，學校不得推拖沒有教室當藉口。因為所有公立學校之校舍，其興建經費都是人民納稅而來，理當為實驗教育之學生使用。

本章小結

自實驗教育立法以來，各縣市方興未艾如火如荼地辦理，但由於各機構之素質良莠不齊，造成有些機構鎩羽而歸。而這其中或許存在著辦理者對實驗教育之迷思及錯誤認知。在辦理過程中，近年來已有趨緩之現象。在本章中分析其原因，並針對主管機關如何協助改善之處，提出解決之道，有者是主管機關可以改善的、有者可能透過修法才能根本解決。唯有政府主管機關重視，才能讓實驗教育更穩健的發展！

參考文獻

三立新聞（2021）。「一學期噴 20 萬」家長見帳單驚呆　怒控名校超收學費。線上檢索日期：2022 年 3 月 2 日。取自網址：https://www.setn.com/News.aspx?NewsID=1008111

民視新聞網（2020）。運思實驗機構一年就停招。線上檢索日期：2022 年 3 月 2 日。取自網址：https://www.ftvnews.com.tw/news/detail/2020723F08M1

第 6 章

實驗教育未來之發展與展望

實驗教育自 103 年底立法完成後，有志者開始申請，籌備至開學，106 年至 108 年急速成長。但至 110 年成長趨緩，值得注意。但綜觀而論，實驗教育當初立法，即不是要取代主流教育市場，從法令規範招收學生數即可看出。立法希望實驗教育是個小眾市場，申辦趨緩現象，其實是符合立法精神！

隨著實驗教育由興盛至趨緩，實驗教育會不會走入歷史？或開啟教育新的高峰？其未來的發展，都值得教育工作者之關注。

本章第一節提出實驗教育未來之發展。第二節提出實驗教育之展望。

第一節　實驗教育未來之發展趨勢

實驗教育已走了近十年，有法令之依據及許多有志之士來申辦實驗教育，理論與實務已漸趨成熟。筆者從 103 年 11 月 19 日立法通過後，即找地興建校舍，向彰化縣政府申辦非學校型態實驗教育，於 105 年 8 月 1 日正式奉准招生，在全國實驗教育之辦理中屬於較早者。以筆者之實務經驗，觀諸實驗教育未來之發展，提出以下四大趨勢：

一、實驗教育將是小眾市場

實驗教育在立法即設定每班人數及招生人數。非學校型態學生不超過 250 位，學校型態每年級學生人數不得超過 50 人，自國民教育階段至高級中等教育階段學生總人數，不得超過 600 人。但僅單獨辦理高級中等教育階段或國民中學教育階段者，其學生總人數，分別不得超過 240 人，每年級學生不受 50 人之限制。

由學生之限制，可以知道實驗教育，不可能搶走體制內大多數的學生，也不可能成為教育之主流市場。

二、學生教育選擇增多

　　以往「萬般皆下品，唯有讀書高」之舊有觀念，隨著實驗教育的辦理，家長之觀念將有所改變。未來的教育，強調孩子學習自主性以及發展孩子的專業科目，行行出狀元，社會將尊重孩子的興趣與需要，喜歡藝術創作，擁有藝術潛能的孩子，他可以選擇藝術方面的實驗教育。像曾雅妮網球天分、林昀儒桌球天分的孩子，亦可在家自行教育，辦理個人實驗教育，從小聘請大師來教學，這些都是體制內學校做不到的。

　　實驗教育能落實教育選擇權，學生就學管道增多，適性學習將不是空談！

三、更多公立學校轉型成為實驗學校

　　公立學校受限於課程課綱之限制，無法適應特殊需求之學生，又加上少子化嚴重，偏鄉學校缺少教育資源，減班廢校將是未來趨勢！

　　公立學校辦理學校型態實驗教育，其學校總數，不得逾主管機關所屬同一教育階段總校數 5%，不足一校者，以一校採計。但情況特殊，其實驗教育計畫於學年度開始六個月前，逐案報中央主管機關審查核定者，不得逾同一教育階段總校數 15%。

　　因此公立學校面臨少子化危機，必須思索如何轉型。運用在地學區之特色，設計學校本位之課程，活化教學，讓孩子學到帶得走的能力，才是生存的契機！

四、教育將多元又多朵

　　實驗教育立法，可說是開啟窮人辦學的大門。以後私人辦學，不一定要財團。一間房子，有專長師資，即可從事教學之行為。網球教練，可申辦網球實驗學校；木雕大師，可以申辦木雕實驗學校；歌仔戲大師，可以申辦歌仔戲實驗學校。諸如此類，只要依照實驗教育法來申辦，都是合法的！

　　實驗教育立法，可說是教育史上的一大鬆綁。它把體制內之束縛都解放了，教育史上，從未有這麼寬鬆的辦學環境，我們剛好躬逢其盛。可預見的未來，實驗教育將開啟教育的新頁，綻放出多元多采的風貌！

第二節　實驗教育未來之展望

　　實驗教育的立法，成就教育的改革創新。讓許多不適合體制內學校教育的孩子，有一適合的學習方式與內容，也讓家長有更多的教育選擇權。展望未來，實驗教育仍有許多需要努力的地方。以下分別探討：

一、政府應持續支持實驗教育

　　實驗教育立法，可說是教育史上的一大進步。但是私人辦學總有許多經費人士之困難，而主管機關應以更包容、更彈性之心胸，持續支持民間法人申辦實驗教育。

　　以實務而論，實驗教育之辦理，如果辦學認眞、成效卓著，自然可以繼續生存。反之，如果浮華辦學，不以學生爲中心，只爲個人一己之私，學生自然會流失，優勝劣敗！因此主管機關應對實在辦學之辦理者，給予支持，方是教育之福！

二、偏鄉小校轉型實驗學校

　　公立偏遠學校，因爲少子化因素，學生急速流失。適有實驗教育法轉型爲實驗學校，這是難得的機會！因此身爲公立偏鄉小校校長，應溝通全校同仁共識，是否轉型爲實驗學校。

　　而教育主管機關在裁併校之前，應要求該校先轉成實驗學校。如持續沒成效，再作裁併校之處置。

三、實驗教育應朝向策略聯盟

實驗教育由於派別很多，常有本位主義的迷思，認為「非友即敵」，這是非常膚淺的想法。以筆者之實務經驗，自創辦愛因斯坦實驗教育以來，經常有來自全國各縣市的實驗教育者來校請教，有關辦理問題解決之道。

因此，建議未來同樣派別之實驗教育辦理者，能組織成策略聯盟，聯盟可以定期辦理經驗分享，或是論壇，如此實驗教育才能更為發展！

四、實驗教育應品質把關

實驗教育之辦理者，因為養成背景來自多元，有者具有教育背景、有者具有補教背景、有者是非教育背景，只是因為某領域有所專精。非具教育背景，可能不諳行政流程，及行政經驗，容易造成辦學品質參差不齊，家長經常檢舉客訴，學生成效不彰之情事。

因此主管教育機關，應本教育之專業，嚴格要求品質，提供學生一個優質的學習環境，才不愧對家長之期望！

本章小結

實驗教育立法，可說是臺灣教育史上的一大鬆綁。它把體制內之束縛都解放了，教育史上從未有這麼寬鬆的辦學環境，我們剛好躬逢其盛。因此未來臺灣之實驗教育將有以下四個趨勢：

一、實驗教育將是小眾市場

二、學生教育選擇增多

三、更多公立學校轉型成為實驗學校

四、教育將多元又多采

而展望臺灣之實驗教育，提出以下幾個努力方向：

一、政府應持續支持實驗教育

二、偏鄉小校轉型實驗學校

三、實驗教育應朝向策略聯盟

四、實驗教育應品質把關

貳、實務篇

第 7 章

實驗教育之申辦流程

實驗教育法於 103 年立法公布後，施行二年後，為賦予實驗教育更多的辦學彈性，強化參與實驗教育學生的權益保障，提供學生更多元適性學習機會，行政院於 106 年 7 月 11 日通過了教育部所提的實驗教育三法修正草案，並於 107 年 1 月 31 日經立法院三讀通過。

因此所有有志實驗教育工作者，如要申辦實驗教育，必須依據這三法來申辦。實驗三法立法不到十年，辦理者並不多，常有些申辦者不諳程序而不知如何著手？因此本章特別專章介紹申辦流程。

而所謂公辦民營法，因參與者不多，因此本章僅介紹學校型態及非學校型態實驗教育之申辦流程。第一節介紹學校型態實驗教育之申辦流程。第二節介紹非學校型態實驗教育之申辦流程。

第一節　學校型態實驗教育申辦流程

學校型態實驗教育，它具有幾個優點：1. 具有學籍。2. 招收學生較多。它本身就視同為一所學校，學校自己擁有自己的學籍，可以自己發給畢業證書。但相對它也有幾個限制：1. 審查比較嚴謹。2. 必須增加學校行政人力，辦理學校公文事項。

因為它視同學校，因此擁有學校的優點，又有實驗教育的彈性。其申請之難度是：是審查較為嚴謹，審查時程較長。申請者必須有此準備。以下就學校型態實驗教育申辦的程序，依序說明。

一、申請時間

申請學校型態實驗教育，必須經過兩個階段：

第一階段　**學校型態實驗教育許可**：為於學年度開始一年前，向各該主管機關提出實驗教育計畫，經審議通過後，給予許可。

第二階段　**私立實驗教育學校之許可**：申請設立私立實驗教育學校，應

由各該法人之代表人於學年度開始六個月前，擬具設校或改制計畫，向各該主管機關提出，經實驗教育審議會審議通過後，由各該主管機關許可其設立或改制。

因此如欲申請學校型態之實驗教育，必須要耗費一年的時間準備期，前六個月經過實驗教育計畫之許可，才能在學年度開始六個月前，擬具設校或改制計畫，向各該主管機關提出經實驗教育審議會審議通過後，由各該主管機關許可其設立或改制。

所以申辦者如預計 112 學年度招生，必須於 111 學年度前一年提出實驗教育申請。至少要預留一年的時間，進行必要程序。

第一階段：

學校法人或其他非營利之私法人申請辦理學校型態實驗教育，應由其指定之計畫主持人擬具實驗教育計畫，於學年度開始一年前，向各該主管機關提出，經各該主管機關送實驗教育審議會審議通過後，由各該主管機關許可。

所以申請人必須先擬好實驗教育計畫，於每一年 8 月 1 日新學年度開始前，送入縣市政府。

當申請人送入實驗教育計畫，各該主管機關於受理申請之日起，三個月內作成決定，必要時得延長一次，並以三個月為限。

由此條文可知，8 月 1 日送入縣市政府，縣市政府三個月必須決定是否通過，如順利的話，11 月 1 日應可以知道計畫是否通過？如果審議通過，則可以進入下一程序。但實務上，縣市政府審議委員在三個月內，很少就通過，經常要修正後再審，所以就要延長一次。如此下來，第一階段實驗教育計畫申請核准，可能要六個月之久，也就是隔年的 2 月 1 日前，計畫才能審議通過。接下來就要馬上提出實驗教育學校之申請。

第二階段：

學校法人申請設立或改制私立實驗教育學校，或其他非營利之私法人申請設立私立實驗教育學校，應由各該法人之代表人於學年度開始六個月前，擬具設校或改制計畫，向各該主管機關提出，經實驗教育審議會審議通過後，由各該主管機關許可其設立或改制。

要送設立私立實驗教育學校，於學年度開始六個月前，擬具設校或改制計畫，向各該主管機關提出。學年度開始六個月，亦即隔年 2 月 1 日前提出。而這時第一階段實驗教育計畫已經審議通過，就進入第二階段。

計畫與設校可併同提出：

而在第十五條：第一項設立或改制計畫，得由申請人併同第七條實驗教育計畫向各該主管機關提出，經實驗教育審議會併同審議通過後，由各該主管機關許可。

由此可知第一階段與第二階段在法條第十五條又有規定，可以合併提出。所以申請人可以在學年度開始，即每年 8 月 1 日前，將實驗教育計畫和設校或改制計畫，一起送縣市政府審議，可以減少麻煩。但估計時程可能也要耗時一年。所以申請者必須有時間準備，方能招生。

二、應準備資料

申請者邀申請學校型態實驗教育，必須準備實驗教育計畫和設立改制計畫，以下分別說明：

而實驗教育計畫，應載明下列事項：

一、學校名稱。

二、實驗教育名稱。

三、學校所在地。

四、教育理念及計畫特色。

五、課程及教學規劃。

六、學校制度。

七、行政運作、組織型態。

八、設備設施。

九、實驗規範。

十、校長資格與產生方式、教職員工之資格及進用方式。

十一、學生入學、學習成就評量、學生事務及輔導之方式。

十二、社區及家長參與方式。

十三、經費需求、來源及收費基準。

十四、預計招收學生人數。

十五、實驗期程及步驟。

十六、自我評鑑之方式。

十七、實驗教育計畫主持人（以下簡稱計畫主持人）及參與人員背景資料。

其中準備資料的第九款的實驗規範，比較特別。因為學校型態是被視為一所學校，但教育部對公私立學校有許多的規範，而對於學校型態實驗教育，又要有鬆綁及彈性，因此申請者必須提出第九條不適用現行相關法規。

第七條第二項第九款之實驗規範，應就第三條第一項所定事項擬訂，於該規範之範圍內，得不適用教育人員任用條例、教師法、國民教育法、高級中等教育法、專科學校法、大學法、私立學校法、技術及職業教育法、特殊教育法、學位授予法、師資培育法、學生輔導法、國民體育法及其相關法規之部分規定，並應載明其不適用之相關規定。

比如實驗教育不進用具教師證之專長老師，那必須於實驗規範裡載明不適用教育人員任用條例。比如實驗教育的設備標準及校地，就須載明不適用國民教育法之規定。所有學校型態實驗教育在辦理過程中，只要與體制內學校不一樣的措施，都必須在實驗規範一一敘明，只要審議通過後，就可以照計畫實施，不致違法或違反規定。

比如第十六條：學校法人申請設立或改制私立實驗教育學校，或其他非營利之私法人申請設立私立實驗教育學校者，其校地、校舍及教學設備，應符合足夠進行實驗教育之基本教學及行政需求，不受高級中等以下學校及其分校分部設立變更停辦辦法及專科以上學校及其分校分部專科部技術型高級中等學校部設立變更停辦辦法之限制，都可在實驗規範中敘明。

學校型態只有實驗教育計畫通過，還不能算學校，因此必須擬具設校或改制計畫，向各該主管機關提出，經實驗教育審議會審議通過後，由各該主管機關許可其設立或改制。經過許可設立或改制後，才算是一所實驗學校。

而準備設校或改制計畫，應載明下列事項：

一、學校名稱。

二、設校或改制之時程。

三、預定設校規劃或改制前學校狀況。

四、學校位置、面積及相關資料。

五、規劃中或現有組織編制及班級師生人數。

六、法人登記證書。

七、法人資產狀況及經會計師簽證之財務報表。

八、前三年學校經費概算及籌措方式。

九、法人之代表人、擬聘或現任之校長、教師及其他人員之相關資料或同
　　意受聘意願書。

三、申請受理單位

要申請學校型態實驗教育，要向哪個單位申請呢？

第 25 條

學校法人及其他非營利之私法人申請辦理學校型態實驗教育之許可條
件、程序、實驗教育計畫之審查、續辦、改制或設立私立實驗教育學
校之程序、許可之廢止、恢復原有辦學型態、監督、獎勵及其他應遵
行事項之辦法，於高級中等以下教育階段，由各該主管機關定之；於
專科以上教育階段，由中央主管機關定之。

由法條得知，從國小、國中至高中，都向縣市政府申請即可，大專大學才
要向教育部申請。如此可簡化行政流程，亦可落實地方自治。

第二節　非學校型態實驗教育申辦流程

　　非學校型態實驗教育，它具有幾個優點：1. 辦學自主性高。2. 組織可以扁平化，減少經營成本。因為它是一個實驗計畫，所以教育主管機關，是不分派視導區督學。學期中如果沒有檢舉事件，教育局處是不會到學校來視導的，所以辦學相當具有自主性。

　　但相對它也有幾個限制：1. 自己沒有學籍，必須寄籍它校。2. 招收學生人數較少。因為它本身不被認定是一所學校，必須拜託寄籍學校處理學籍，增加寄籍學校的行政負擔，申辦者常遭遇這種困擾。

　　以下就非學校型態實驗教育申辦的程序，依序說明。

一、申請類別

　　要申辦非學校型態實驗教育，首先要先確定辦理實驗教育的類別。非學校型態實驗教育分成三類：

　　一、個人實驗教育。

　　二、團體實驗教育。

　　三、機構實驗教育。

第 5 條

1. 申請辦理實驗教育之方式及程序如下：

一、個人實驗教育：由學生之法定代理人，向戶籍所在地直轄市、縣
　　（市）主管機關提出。但學生已成年者，由其本人提出。

二、團體實驗教育：由學生之法定代理人，共同或推派一人為代表，
　　向團體成員設籍占最多數者之直轄市、縣（市）主管機關提出。
　　但學生已成年者，由其本人，共同或推派一人為代表提出。

三、機構實驗教育：由非營利法人之代表人，向擬設實驗教育機構所

在地直轄市、縣（市）主管機關提出。

2. 直轄市、縣（市）主管機關應於每年二月底前，將申請辦理實驗教育之相關資訊，公告於其網頁上。

二、申請時間

非學校型態實驗教育之申請比較簡易，一年有兩次時間可以申請。每一年的 4 月和 10 月底之前，一定要送。

第 6 條
前條申請人應填具申請書，並檢附實驗教育計畫，至遲於每年四月三十日或十月三十一日前提出申請。

第 13 條
直轄市、縣（市）主管機關應自受理前項申請之日起算二個月內，作成許可與否之決定，必要時，得延長一個月，並通知申請人。

由上述條文可知非學校型態，自受理申請三個月即應作成許可與否。因此每年 10 月 31 日申請，如果順利，三個月後即隔年 2 月 1 日即可開辦。若每年 4 月 30 日前申請，如果順利，三個月後即 8 月 1 日即可開辦。

三、應準備資料

非學校型態實驗教育因為分成三類，每一類所要準備的資料亦不同，不過縣市政府因牽涉審議委員時間難挪一致，大多會把三類申請一併審議。

（一）個人實驗教育

而依據第六條：

前條申請人應填具申請書，並檢附實驗教育計畫，至遲於每年四月三十日或十月三十一日前提出申請。

前項申請書及實驗教育計畫，應分別載明下列事項：

一、申請書：申請人、聯絡方式、實驗教育之對象及期程。

二、實驗教育計畫：實驗教育之名稱、目的、方式、內容（包括課程所屬類型與教學、學習評量及預定使用學校設施、設備項目；身心障礙學生使用設施之需求，應予載明）、預期成效、計畫主持人及參與實驗教育人員之相關資料。

（二）團體實驗教育

申請辦理團體實驗教育者，除前項所定資料外，並應檢附下列資料：「一、教學資源相關資料。二、教學場地同意使用證明文件。三、學生名冊。四、計畫經費來源及財務規劃。五、由申請人推派之代表提出申請者，應檢附其他申請人同意參與實驗教育之聲明書。」

（三）機構實驗教育

申請辦理機構實驗教育者，除第二項所定資料外，並應檢附下列資料：「一、法人及擬聘實驗教育機構負責人之相關資料。二、實驗教育機構名稱。三、實驗教育機構地址及位置略圖。四、實驗教育理念。五、教學資源及師資之相關資料。六、教學場地同意使用證明文件。七、計畫經費來源、財務規劃及收、退費規定。」「5.實驗教育計畫期程，應配合學校學期時間；國民小學教育階段最長為六年，國民中學教育階段最長為三年，高級中等教育階段最長為三年。」

依據實務之經驗，送審資料審議，委員會特別注重實驗教育的內容，即是課程的內容。申請者必須陳述為何這些學生不在體制內受教育？此實驗教育有什麼是體制內不能做的？而必須到此接受的必要性理由。否則審議委員就會主張那就在體制內完成即可，沒有實驗教育興辦之必要。所以申請者必須事先周

詳地準備實施的課程，跟體制內不同之處，否則很容易不通過。

四、實驗場地之規範

第 7 條

1. 於固定場所辦理團體實驗教育及機構實驗教育者，應符合下列規定：

一、學生學習活動室內場地使用面積，每人不得少於一點五平方公尺，其面積不包括室內走廊及樓梯；機構實驗教育除應符合室內場地使用面積規定外，學生學習活動室外面積，每人不得少於三平方公尺，但機構實驗教育每人之樓地板總面積高於四平方公尺者，不在此限。

二、教學場地，以地面以上一層至五層樓為原則。

三、建築物應符合 D-5 使用組別及建築相關法令規定。但符合本款規定有困難或因教學型態有實際需求者，得專案報直轄市、縣（市）主管機關許可後，依許可內容辦理之，其許可使用類組，由中央主管機關另行公告之。

四、教學場地應符合消防安全規定，總樓地板面積二百平方公尺以上者，應指派防火管理人。

2. 辦理團體實驗教育及機構實驗教育者，得依法申請使用公立學校之閒置空間，或經學校財團法人依法同意租、借私立學校之空餘空間；並不受前項第三款建築物使用組別之限制。

3. 各該主管機關為鼓勵非學校型態實驗教育之實施，得將公有之都市計畫學校用地或閒置之校地校舍，依相關法令提供團體實驗教育或機構實驗教育使用或租用。

非學校型態實驗教育，基本場地規範視相當寬鬆而有彈性，而其面積大小要視學生數而定，如果沒有室外場所，每生必須有室內建坪 4 平方公尺即可。

而建築物應符合 D-5 使用組別及建築相關法令規定，亦即如有現成補習班規格，即可租用或設立，不用再找地興建，增加土地及建築成本。

五、訪視與評鑑

非學校型態實驗教育，整體申請與辦理是比較寬鬆的。但法條怕辦理者不按規定，因此定有嚴謹的考核機制。

第 20 條

1. 辦理個人實驗教育者，應於每學年度結束後二個月內，提出學生學習狀況報告書，為期三年以上之實驗計畫於計畫結束當學年應併提出實驗教育成果報告書，屬國民教育階段者，報直轄市、縣（市）主管機關備查；屬高級中等教育階段者，報直轄市、縣（市）主管機關核定。

2. 辦理團體實驗教育及機構實驗教育者，應於每學年度結束後二個月內，為期三年以上之實驗計畫於計畫結束當學年應併提出實驗教育成果報告書，屬國民教育階段者，報直轄市、縣（市）主管機關備查；屬高級中等教育階段者，報直轄市、縣（市）主管機關核定。

依據法條規定，每一學年度 7 月 31 日結束二個月內，即 9 月 30 日前必須提出實驗教育成果報告書，報縣市政府備查。

第 21 條

1. 直轄市、縣（市）主管機關應於每學年度邀集審議會委員或委託相關學術團體、專業機構辦理個人實驗教育及團體實驗教育之訪視；於訪視前，應公布訪視項目，訪視後，應公布訪視結果；必要時，並得請參與或辦理實驗教育之學生、家長、團體進行成果發表。

2. 直轄市、縣（市）主管機關認有必要時，得請審議會指定委員攜

帶證明文件，赴實驗教育機構進行訪視、調查，並得要求該機構之代表人或承辦人員提出報告或提供必要之文書資料及物品；或洽請有關機關協助執行。

3. 前二項訪視結果不佳者，直轄市、縣（市）主管機關應予以輔導，並令辦理實驗教育者限期改善，屆期未改善者，經審議會審議通過後，廢止其辦理實驗教育之許可；訪視結果優良者，得作為許可續辦之參考。

　　每一年的訪視，訪視委員必須填寫訪視報告，如果不按照計畫執行或執行有缺失，主管機關應予以輔導，並令辦理實驗教育者限期改善，屆期未改善者，經審議會審議通過後，廢止其辦理實驗教育之許可；訪視結果優良者，得作為許可續辦之參考。因此訪視牽涉到未來是否續辦之參考，辦理者不得不加以重視。

　　除了每年固定的訪視，實驗計畫期滿，將接受評鑑。這評鑑關係到是否能續辦？所以是非常重要的！如果計畫期滿不能再續辦，辦理者幾年投資之經費、教師及學生如安置？將影響重大，辦理者不得不慎重！

第 22 條

直轄市、縣（市）主管機關應於機構實驗教育計畫期滿三個月前，對機構實驗教育辦理成效評鑑；經評鑑通過者，得依第六條第一項所定期限，檢具實驗教育計畫成果報告書及後續之實驗教育計畫，向直轄市、縣（市）主管機關申請續辦。但有情況急迫之特殊情形者，實驗教育計畫主持人得於評鑑通過前，向直轄市、縣（市）主管機關提出續辦之申請。

　　依實務經驗來談，計畫期滿大都是在 7 月 31 日期滿，前三個月前必須接受評鑑，亦即 4 月 30 日前接受評鑑，如果太晚得知續辦之結果，將會牽涉到家長詢問是否能繼續辦理之恐慌，而影響到下學年度之招生！因此在第二十二

條授權情況急迫之特殊情形者，得提早申請續辦之評鑑。

本章小結

　　實驗教育立法開啟辦學不再是財團的權利，筆者是一位公立學校退休校長，為實現自己多年來的教育理想，亦可以辦理愛因斯坦實驗教育。但要辦教育，如果沒有教育行政經驗，那就像緣木求魚，抓不到方向和重點！

　　本章提出申辦流程分析，讓申辦者知道申辦時間，應準備之資料，及應該如何設計實驗課程。讓辦理者可以事半功倍，不用再走冤枉路。

第 8 章

實驗教育之實務運作～以彰化
縣愛因斯坦實驗教育機構爲例

　　筆者原是彰化市南郭國小校長，南郭國小是彰化縣目前 110 學年度最大小學，110 學年度全校有 89 班。筆者於民國 99 年退休，先至大學幼保系擔任專任助理教授，103 年實驗教育三法剛好立法通過，筆者對實驗教育甚感興趣，於是開啟興辦實驗教育的念頭。

　　當實驗教育三法於 103 年 11 月 19 日通過，筆者即積極尋找閒置的幼兒園，欲以最簡單之租用場地來辦學。也許因緣俱足，有緣認識大村鄉育兒福幼兒園劉麗玉園長和地主賴順德董事長三位賢昆仲，他們願意提供校地和出資興建校舍，提供筆者來辦理實驗教育，真是機緣！

　　於是筆者以四十年之教育經驗，並獲得雲林科技大學技職教育所謝文英教授命名為「愛因斯坦實驗教育」，慘澹經營，從第一年招收 30 位學生，至今第六年，國中國小學生已近 200 位，獲得彰化地區家長高度肯定。因此本章就自己之實務辦學經驗，提出分享。

第一節　創辦緣起

　　筆者曾經擔任公立國小校長，曾經服務過私立中學和私立大學。個人曾經考察過紐西蘭及澳洲的國小教育。很多人會訝異：您要創辦一所什麼樣的學校？我希望：

創辦一所沒有體制內制式的羈絆，但卻保有體制內課程結構式的學校。
創辦一所擁有私校之競爭力，但卻沒有私校高壓力的學校。

　　因為實驗教育可以自己規劃課程，不受課綱的限制。因此我就思考：要設計什麼課程？因此我就先設定實驗教育的目標，即是要培育未來的領袖人才。而領袖到底要具備什麼特質和能力呢？於是就開始進行文獻探討，蒐集論文資料，整理歸納領袖的特質和能力，再依據領袖的能力，設計所有的課程（詳見第二節願景及核心價值理念）。

一、創辦人暨國小校長顏士程簡介

學歷

國立嘉義大學國民教育所教育學博士

國立彰化師範大學特殊教育碩士

國立臺中教育大學語文教育學士

嘉義師專 69 級國師科

經歷

- ◆ 國小教師 11 年、國小主任 5 年、國小校長 14 年
- ◆ 彰化縣文昌國小、海埔國小、南郭國小校長
- ◆ 中州科技大學幼兒保育系專任助理教授
- ◆ 創辦彰化縣海埔國小、南郭國小附設幼稚園
- ◆ 彰化縣中小學校長協會理事長
- ◆ 中州科大、建國科大、靜宜大學、嘉義大學兼任助理教授
- ◆ 彰化縣國中小本國語文領域召集人
- ◆ 國立嘉義大學彰化縣校友會理事長
- ◆ 彰化縣國小校長「上上讀書會」創會會長
- ◆ 曾任邦泰複合材料股份有限公司—監察人
- ◆ 現任社團法人彰化縣愛因斯坦實驗教育學會理事長
- ◆ 現任彰化市市政顧問
- ◆ 創辦小可艾托嬰中心
- ◆ 現任愛因斯坦國小實驗教育校長
- ◆ 創辦彰化縣私立士賢國際中小學

二、創辦緣起

筆者對實驗教育興辦的動機，起源於民國 94 年間，筆者率領彰化市南郭
國小學生，參訪紐西蘭奧克蘭小學。顏校長發現奧克蘭小學跟臺灣的教育不一
樣：

※ 小學生九點才來上課，下午三點就下課了！

※ 學生上課不用帶課本！

※ 上課學生不是排排坐，而是圍在老師身旁聽課，聽完後進行合作學習！

※ 臺灣的學生不敢用英語與他們溝通，只用比手畫腳！

※ 學校水溝蓋上畫上星星符號，表示這條水溝通達大海，必須不能汙染，從小注重環保！

※ 每週五最後一節，表揚最優異之團隊，該團隊下週可佩戴「榮譽帽」！

有一天筆者上午九點半出差，開車在彰化市區，發現有一個小學生穿得破破爛爛、髒兮兮的國小制服，還在街道遊蕩。顏校長深覺慚愧，他才曉得：以他的能力，並不能好好照顧到全校 2,500 位學生。

筆者當下興起一個想法：我要辦一所不一樣的學校，讓每個孩子都受到完全的照顧！

筆者想要翻轉傳統的學校教育，把在公立學校想做的理想，希望利用實驗教育在愛因斯坦實現！筆者心目中理想的學校是：

※ 學生讓他有一個英語的學習環境，每天說英語。讓他講英語沒有壓力，就像講國語那麼自然！

※ 老師都具有教育的愛心與耐心，能真心地培養每個孩子成為正向、樂觀、積極、有品德的未來領袖！

愛因斯坦小學實驗教育於 105 年 8 月 1 日正式開學，經過四年的努力，獲得家長高度的肯定！108 年邀請孫敬賢、張寶淑賢伉儷擔任副校長。又積極籌設國中實驗教育，暫租借員林農工推廣中心二樓三間教室，於 109 年 8 月 1 日正式開學，聘請前宜寧高中校長陳樹欉先生，擔任國中部校長。實驗主軸，延續國小特色以英語教學、創意發明、領袖課程之實驗課程，培育九年一貫全人教育之領袖人才。

於是以愛因斯坦的「相對論」，發展出本實驗教育辦學的三個核心：

E：English（英語）

C：Character（品德）

C：Creativity（創造力）

四個 E 方針：

Exploration（探索）

Experience（體驗）

Enjoyment（快樂）

Excellence（卓越）

筆者期望愛因斯坦的學生，能在探索、體驗中，樂於學習、享受學習，並於教育的翻轉中，追求卓越！

第二節　願景及核心價值理念

本實驗教育期望以培育未來「領袖人才」為學校目標。期望達成下列分項目標：

1. 實施雙語教學，培育具備國際視野與國際競爭力之年輕學子。
2. 推動發明課程，培養孩子獨立的思考方式及解決問題的能力。
3. 符應國家推動品德教育，提升新世代及社會正義之公民素養。

一、品德目標及校訓

不批評、有禮貌、敢發表。

二、課程規劃

本實驗教育之主軸特色課程：領導特質、領導能力轉化成主軸課程表，如表 8-1。

表 8-1

領導特質、領導能力轉化成主軸課程表

項目	學者提出之領導特質	領導應具備能力	對應課程規劃
1	學術能力、常識、問出好問題	解決問題的能力	英語課程、發明課程、農耕課程

項目	學者提出之領導特質	領導應具備能力	對應課程規劃
2	同儕相互合作	同儕相互合作的能力	品德課程、發明課程、專題研究
3	品格、信念、積極進取、強烈欲望、正直、自信	正向的品格	品德課程、農耕園藝
4	人際與溝通能力	溝通能力與國際觀	外語課程、國際禮儀、各國文化、生活能力
5	創意、好奇心、創造有趣的作品	創造創新能力	發明課程、機器人課程、專題研究

圖 8-1
領導特質、領導能力轉化成主軸課程圖像架構圖

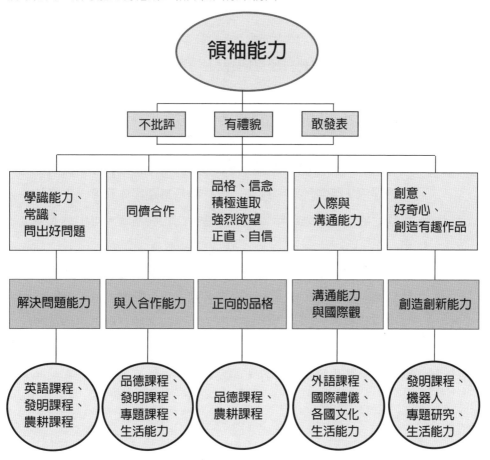

第三節　實驗教育課程

彰化縣領袖愛因斯坦實驗教育，課程規劃如下：

（一）本實驗教育為推動品德教育，每一學期各班必須選定一弱勢團體，進行長期志工服務。低中高年級統一在星期五下午，排定品德教育課程，以便到各弱勢團體機構進行關懷服務。隔週按照每兩週訂一品德之德目主題，由學生分組討論分享報告，透過學生由下而上的討論，不僅可以內化學生的道德行為，亦可訓練學生的口才。

（二）本實驗教育為推動農耕課程，每班於校園規劃一畝「有機農園」，排定農耕與園藝課程，進行親近土地之體驗式學習。自己學會種菜，學習如何自己的菜，並吃自己種的有機蔬菜。除了進行職業探索，也培養學生行銷之能力。

（三）本實驗教育為推動科學發明課程，中高年級每週有 2 節專題研究課程，讓學生從小習得科學的概念及科學的態度，於學期末提出各組發想成果，申請發明專利，參加世界發明展，培養解決問題的能力。

（四）本實驗教育為推動才藝課程，每天的 4：00 至 4：50 規劃遊戲與運動課程，學習扯鈴、跳繩、直排輪及舞蹈等才藝。一來紓解一天上課之疲憊，一來每年暑假出國進行文化展演時，可作為表演之項目。

（五）本實驗教育為推動英語課程，希望讓美語的學習，落實在生活中。除了聽說讀寫之教學外，更融入各國文化、國際禮儀、電影賞析，讓學生學到各國的食衣住行禮儀，並了解各國之風俗民情，各國文化，讓學生培養出領袖的國際觀氣質。

實驗教育課程教學規劃重點內容，如表 8-2：

表 8-2

實驗課程教學規劃特色表

科目	規劃內容
英語教學	歌唱、遊戲、念謠、閱讀說故事、國際禮各國文化、影片賞析、英文會話
科學發明	機器人、科學原理探索、發明指導
農耕園藝	接觸大自然種花、種菜整地農作作堆肥、農作探究、農作研究
專題研究	PBL 課程、發明創作、科學展覽、網界博覽
生活能力	簡易生活用品修繕、手作用品、生活態度、心靈成長
品德課程	弱勢機構服務學習、價值澄清與倫理討論、生活溝通
遊戲／運動	舞蹈、跳繩、扯鈴、直排輪、陶笛

表 8-3

愛因斯坦實驗教育一年級課表

		星期一	星期二	星期三	星期四	星期五
8：40 ∫ 9：20	1	Reading	Language Development	Reading	國語	品德課程 Character Education
9：30 ∫ 10：10	2	Reading	Language Development	Phonics	English Structure Spelling Fun	閱讀寫作
10：10 ∫ 10：30		Tea time				
10：30 ∫ 11：10	3	English Structure Spelling Fun	English Structure Spelling Fun	Enrichment	Phonics	閱讀寫作
11：20 ∫ 12：00	4	思維數學	思維數學	國語	Reading	思維數學

		星期一	星期二	星期三	星期四	星期五
12：00 ∫ 13：30		午餐－午休				
13：30 ∫ 14：10	5	數學	國語	數學	創意發明 實驗科學	Science
14：20 ∫ 15：00	6	數學	國語	藝術活動 Art	創意發明 實驗科學	Science
15：00 ∫ 15：20		Tea time				
15：20 ∫ 16：00	7	農耕園藝 Farming	生活能力 Life Ability	生活能力 Life Ability	國語	Enrichment
16：00 ∫ 16：50	8	才藝課程 直排輪	才藝課程 舞蹈	才藝課程 球類	才藝課程 扯鈴	才藝課程 黏土

第三節 實驗教學活動

　　愛因斯坦實驗教學，除課綱的國語、數學以外，還有許多實驗豐富的課程。包括：英語教學、科學發明、農耕園藝、專題研究、生活能力、品德課程、遊戲／運動。每一特色課程，均由老師訂定全校及各年級教學進度表，再由各年級依計畫實施。

　　每一學年度結束，由各班提出各班實施的教學活動成果照片，全校再彙整向縣市政府，提交實驗教育成果報告書。以下臚列部分活動成果。

週次	課程主題	教學資源	課程內容
14～16	菜園日記 澆水 除草	農田 大陸妹 結興農場參訪	觀察並記錄大陸妹成長過程，定期拔雜草、抓菜蟲。結興農場參訪。

課程照片

結興農場參訪，學習農場灌溉水源檢測　結興農場參訪，學習番茄栽種小技巧

學生親自鬆土，親近土壤　學生親自抓菜蟲，飼養後羽化成蛾再放生

週次	課程主題	教學資源	主題概念
15			
16	防治方法與澆水	菜園	定時灌溉蔬菜
17			

課程照片

找找有沒有蟲？努力抓掉……

周圍的草都要拔掉，菜才長得大！

好頑強的草，拔不掉……

好癢！好癢！好多草！

週次	課程主題	教學資源	主題概念
15	光影大戰	夾鏈袋、白色紙片、簽字筆、剪刀、水盆	光的形成與原理

課程照片

 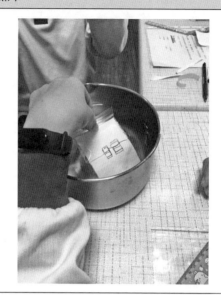

數字怎麼變了呢？

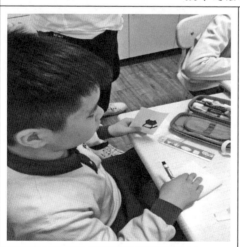 

折射與反射的運用

高年級領袖成長營	

AI 科技活動	飛行器教學

程式設計教學	學生練習高爾夫球

英文教學	

用英文介紹各種體育課程	與外師對話，讓英文更流利

有趣的外師上課	選我！選我！

第四節　實驗教育文化

　　愛因斯坦堅持教育專業的核心價值，開辦以來，漸漸獲得家長的認同與支持。我理想中的愛因斯坦是一所什麼樣的學校呢？

一、這是一所培育領袖的學校

　　我希望發展人文素養，培養學生具備批判思考能力、科學發明能力、良好的道德品行、理性的學科能力等領袖的能力，成爲未來的領袖。所以學生具有國際觀、富創意、好品德的領袖能力，是學校課程三大主軸。

二、這是一所沒有霸凌的學校

　　在愛因斯坦裡，我們要求孩子間絕對不可互取綽號。因爲我長期觀察：同學間互取綽號，是霸凌的根源！您孩子被取爲「骯髒鬼」，他愈聽愈生氣，才會忍不住打同學，他也是無辜不得已呢！

　　我提出愛因斯坦的校訓是「不批評」、「有禮貌」、「敢發表」，只要有同學開始嘲笑別人是「骯髒鬼」、「瘦皮猴」或講同學怎樣，老師就要馬上告訴孩子校訓「不批評」，「檢討自己、不批評別人」，久而久之，愛因斯坦的同學都沒有綽號，霸凌就無從而起！

三、這是一所注重品德的學校

　　品德教育絕不是爲了推甄，由父母半夜到醫院爲孩子登記當一日志工，就可以培養的！

　　當今社會充斥著價值觀混淆、似是而非之現象。大人缺乏批判思考的能力，面對眾多媒體報導，何者爲眞？何者爲假？必須從建立孩子的核心價值觀做起。而要深化孩子的價值觀，必須透過討論、思辯、歸納、發表，才能內化爲孩子的行爲。每班必須依學校規劃的主題德目，由老師帶領學生分組討論、辯論、發表。這樣由學生自己講出來，而不是由上而下老師教條式的灌輸，才能眞正落實品德教育。

四、這是一所沒有鐘聲廣播的學校

「三年級王曉明同學，你的餐盒掉了，趕快到辦公室領取。」，一個餐盒掉了，必須讓全校認識王曉明。這些都是校園的噪音。

愛因斯坦為減少噪音的干擾，不設廣播、不設鐘聲，讓老師自主上下課，動靜有節，上課時靜謐無聲，這才是學習的校園！

五、這是一所環保有機的學校

愛因斯坦每班有一有機菜圃，沒灑農藥，因此到處是菜蟲，學生透過抓蟲、餵蟲、觀察蟲成長，待其羽化成蛾再放生。完整生命成長過程，培養孩子尊重生命情懷。全校不灑除草劑，全校一週只需要一個垃圾袋，有效落實有機環保的概念，在愛因斯坦可以實現。

六、這是一所注重發明的學校

猶太小孩放學回到家，猶太媽媽問的第一句話可不是「你今天學到什麼？」、「考了幾分？」，而是「你今天在學校，問了老師什麼問題？」不斷地問問題，挑戰真理，是愛因斯坦課程的一大特色。

愛因斯坦規劃每週有發明課，由老師引導學生發想：生活中有哪些不方便的地方？提出解決之發想，做成成品，申請專利，參加發明展。

因此愛因斯坦鼓勵學生發問，提出問題，解決問題。

本章小結

愛因斯坦希望栽培學生，成為未來的世界領袖。為了達成領袖的培養目標，因此設定全人教育的課程，我們有三大實驗主軸，即是英語教學、品德教

育和發明課程。

　　本實驗課程的推動,將可以培養孩子四項的能力,這四項能力將是未來領袖的成功關鍵能力。

　　一、培養學生批判思考能力

　　二、培養學生同理關懷胸懷

　　三、培養學生行銷產品能力

　　四、培養學生創造創新能力

　　愛因斯坦實驗教育,由於實驗課程活潑多元,培育之課程,將對學生未來進入社會做準備,培養未來領袖人才,印證實驗教育,可以進行教育之創新,讓教育更多元,更多姿多彩!

第 9 章

結論與貢獻

第一節　結論
第二節　貢獻

　　臺灣的實驗教育從 103 年開始依法辦理後，參與學生人數激增，可見家長對傳統體制內的教育失去信心，希望有另類的教育內容及方式，可供家長及學生選擇。但實施近十年來，辦理者可能因經驗不足，而碰到許多困難。而市面上亦無一本兼顧理論與實務的專書，可供實驗教育辦理者參考。

　　因此筆者以自身之實務經驗，從實驗教育之歷史源起分析，再從實驗教育三法逐條分析，梳理出實驗教育的內涵及精髓，全書兼顧實驗教育之理論與實務，提供有志實驗教育者之參考研究。

　　第一節歸納本書研究之結論，第二節提出本書之研究貢獻。

 結論

　　本書經過各章節之研究，可以獲得以下結論：

一、實驗教育立法已趨完備

　　實驗教育自從民國 103 年 11 月 19 日立法院通過所謂實驗教育三法後，任何法人皆可依據法令申辦實驗教育，而又經過 107 年 1 月 31 日修正後，法令更加的完備。行政院提出實驗教育法修法，讓體制外實驗學校能發展出創新且成效良好的辦學模式，提升學校辦學品質，這代表教育主管機關重視教育的創新與改革。

二、家長對國際雙語實驗教育需求甚殷

　　由實驗教育申請類別及申請數之分析，國內家長認為體制內無法做到而有需求之實驗教育，以國際教育及雙語教育最多，反而比華德福和蒙特梭利還多，意謂著家長對於體制內雙語及國際教育並不滿意。體制內之學校，受到課綱的限制，國小目前一、二年級不能上英語課，三年級以上一週只有 1 至 2

節，似乎不能滿足廣大家長的需求。因此家長尋求實驗教育來就讀，有其脈絡可證明。臺灣即將在 2030 年成爲雙語國家，這些現象，值得教育主管機關施政之重要警惕！

三、實驗教育衝擊公立學校之辦學

實驗教育由於法令的鬆綁，讓教育更爲彈性、多元，相較於公立學校受到國民教育法的規範，實驗教育有更多的空間。面對多元社會，家長對教育的需求，公立學校更顯競爭力不足！公立學校面對科層體制的束縛，又加上少子化及實驗教育的興起，實驗教育已經衝擊到公立學校之辦學。如果公立學校不思改變，不斷的減班裁校，將是常態，影響教育生態甚巨。

四、實驗教育辦理之諸多困難

筆者以辦理實驗教育六年來之經驗，歸納出實驗教育辦理的五大困難。分別如下：

（一）申請計畫面臨各派委員之審查

實驗教育申辦者，最怕碰到不同派別之實驗教育家長或學者專家，如果聘請之委員，是某一派別實驗教育之教師、家長或代表，人數又占五分之二，如果委員存有本位主義，那其他派別的實驗教育申辦者，就會面臨質疑，計畫通過就很困難。

（二）寄籍學校尋覓不易

辦理非學校型態實驗教育，其寄籍學校是由主管機關指定的學校。但實務上要辦理實驗教育，主管機關常希望申辦者自己找到願意協助寄籍的學校。但一般而言：學校校長基於多一事不如少一事的心態，大多不太願意接受寄籍。一來寄籍學生，不算該校經費補助或員額編制之人數，二來學籍業務增加學校

註冊組的負擔。由於上述原因，的確讓許多申辦非學校型態之辦理者卻步！

（三）家長對實驗教育之誤解

實驗教育之家長自身多半為傳統教育出身，不想讓孩子再受填鴨式教育，而選擇實驗教育。剛開始進入時，總被實驗教育多元創新之教育方式吸引，但經過幾年後，隨著孩子長大，即跟其他家長從眾心理，開始到補習班補習私中課程。補習回來就跟補習班同學比較學業課程，發現成績落後，即質疑實驗教育機構沒有成效！這種認為實驗教育即是另類私中，怕孩子跟不上主流教育之程度，而欲影響實驗教育的辦學方向，是普遍家長對實驗教育的誤解。

（四）辦理時程不能永續

實驗教育是主管機關給予實驗的期程，誰也不敢保證能永續經營。因為牽涉地方自治權責，教育實務上容易受政治干預。萬一不能續辦，那投注之經費、設備、人力，也讓辦理者有所考量，這是面臨的一大困難！

（五）租用公家場地不易

租用公立學校諸多困難，若租用私人場地，又因場地及活動空間不足，經常遭受家長質疑不像學校。由於場地租用不易，如要購置興建，又增加營運成本，亦是辦理者面臨的一大困難！

第二節 貢獻

本書以筆者自身四十年之教育實務經驗，加上學術理論之素養，進行實驗教育之理論與實務研究，總共分為九章，兼顧理論、法條分析及實務經驗分享，可以提供有志實驗教育之家長、教育工作者及教育研究者之參考，並提供教育主管機關之建議。綜歸本書之研究，將有以下之貢獻：

一、提供家長對實驗教育正確之認知

　　本書之研究，對家長而言，可以讓家長實地了解實驗教育的真諦。實驗教育不是放任的的玩樂教育、不是填鴨的補習教育、不是高壓力的私中教育。家長了解後，才能針對孩子的特性，為其孩子選擇適才適性的實驗教育。

二、提供實驗教育辦理者申辦之經驗

　　本書之研究，對申辦者而言，可以提供申辦實驗教育之流程：包括申請學校型態或者非學校型態之申請程序，還有兩者申辦優缺點之分析。另外還提出申辦時應注意的細節，可以讓申辦者作為參考。

三、提供實驗教育研究者之研究參考

　　本書之研究，對實驗教育研究者而言，可以提供研究之參考。實驗教育是臺灣教育近世紀來興起的一大顯學，之前沒有很多文獻可供參考，教育研究者如教育碩博士之研究生或教育學者，要找尋相關文獻，非常缺乏！而本書提供臺灣實驗教育所有機構名單及相關量化資料，可當成量化之研究素材。而如愛因斯坦實驗教育機構之辦理，亦可當成質性研究之研究素材。

四、提供教育行政機關制定政策參考

　　本書之研究，對教育行政機關而言，可以提供制定政策之參考。實驗教育於 103 年年底立法通過，又於 107 年 1 月 31 日修法通過，立法已漸臻完備，但在實務經營上，仍有許多法令修法無法顧及之處，必須教育行政機關在法令之下做出解釋。如果需要修法，則可以提供修法之參考。本書提出之建議，亦可作為教育行政機關制定政策之參考。

附　錄

附錄一

學校型態實驗教育實施條例

修正日期：民國 107 年 01 月 31 日

第一章　總則

第 1 條（立法目的）

為鼓勵教育創新，實施學校型態實驗教育，以保障人民學習及受教育權利，增加人民選擇教育方式與內容之機會，促進教育多元化發展，落實教育基本法第十三條規定，特制定本條例。

第 2 條（主管機關）

本條例所稱主管機關，在中央為教育部；在直轄市為直轄市政府；在縣（市）為縣（市）政府。

私立實驗教育學校，依其最高教育階段之法規，定其主管機關。

第 3 條（用詞定義）

本條例所稱學校型態實驗教育，指依據特定教育理念，以學校為範圍，從事教育理念之實踐，並就學校制度、行政運作、組織型態、設備設施、校長資格與產生方式、教職員工之資格與進用方式、課程教學、學生入學、學習成就評量、學生事務及輔導、社區及家長參與等事項，進行整合性實驗之教育。

前項特定教育理念之實踐，應以學生為中心，尊重學生之多元文化、信仰及多元智能，課程、教學、教材、教法或評量之規劃，並以引導學生適性學習及促進多元教育發展為目標。

本條例所稱私立實驗教育學校，指主管機關許可辦理學校型態實驗教育之私立學校。

第4條（私立實驗教育學校之設立方式）

私立實驗教育學校，由學校財團法人（以下簡稱學校法人）或其他非營利之私法人申請設立，或由學校法人將現有私立學校改制。

前項學校法人，以辦學績優者為限；其辦學績優認定之標準，由中央主管機關定之。

第5條（實驗教育審議會之組成、任期、職權及禁止事項）

學校型態實驗教育之審議、監督及政策與資源協調等相關事項，應由各該主管機關定期召開學校型態實驗教育審議會（以下簡稱實驗教育審議會）辦理。

前項實驗教育審議會置委員九人至二十五人，由各該主管機關就熟悉實驗教育之下列人員聘（派）兼之，其中第四款至第六款之委員人數合計不得少於委員總人數五分之二；任一性別委員人數不得少於委員總人數三分之一：

一、教育行政機關代表。

二、具有會計、財務金融、法律或教育專業之專家、學者。

三、校長及教師組織代表。

四、具有實驗教育經驗之校長或教學人員。

五、實驗教育家長代表、本人或子女曾接受實驗教育者。

六、實驗教育相關團體代表。

前項委員任期二年，其續聘以二次為限；每次聘任之委員中續聘之委員不得超過委員總數之三分之二。任期內出缺時，得補行聘（派）兼，其任期至原任期屆滿之日為止。

實驗教育審議會審議學校型態實驗教育計畫（以下簡稱實驗教育計畫）涉及原住民族實驗教育者，應增聘具原住民身分之委員一人至二人；其委員人數及任期，不受前二項規定之限制。

實驗教育審議會主席，由委員互推產生。

實驗教育審議會委員，均爲無給職。

實驗教育審議會爲行使職權，得指派委員攜帶證明文件，赴私立實驗教育學校進行訪視、調查，並得要求學校承辦人員提出報告或提供必要之文書資料及物品；必要時，並得洽請有關機關協助執行。

實驗教育審議會之委員，不得參與其所監督之私立實驗教育學校辦理之實驗教育。

第 6 條（保障學生權益及實施原則）

爲保障學生之權益，學校型態實驗教育應維護學生基本人權，積極營造友善校園之教育環境，並遵守下列事項：

一、實驗教育之實施應事前徵得學生本人及其法定代理人之同意或事先載明於招生簡章中。

二、接受學生本人及其法定代理人退出實驗教育之申請，不得以任何理由拒絕。

三、學生不適應實驗教育，並提出轉學需求時，學校應予以協助。

四、學生本人及其法定代理人申請了解學生學習狀況，學校應予告知或提供資料。

五、無正當理由，不得於招生或教育過程中，使學生受差別待遇。

六、不得洩漏學生個人資料及其他隱私。

七、不得有虐待、疏忽照顧或其他傷害學生身心發展之行爲。

八、不得爲其他侵害學生人權之行爲。

九、其他主管機關規定之事項。

學校接受前項第三款高級中等以上實驗教育學生轉入時，應考量其特殊性，就原於實驗教育修習之學分，依相關規定從寬予以採認抵免。

第二章　學校型態實驗教育之許可

第 7 條（學校型態申請許可之程序及計畫應載明之事項）

學校法人或其他非營利之私法人申請辦理學校型態實驗教育，應由其指定之計

畫主持人擬具實驗教育計畫，於學年度開始一年前，向各該主管機關提出，經各該主管機關送實驗教育審議會審議通過後，由各該主管機關許可。

前項實驗教育計畫，應載明下列事項：

一、學校名稱。

二、實驗教育名稱。

三、學校所在地。

四、教育理念及計畫特色。

五、課程及教學規劃。

六、學校制度。

七、行政運作、組織型態。

八、設備設施。

九、實驗規範。

十、校長資格與產生方式、教職員工之資格及進用方式。

十一、學生入學、學習成就評量、學生事務及輔導之方式。

十二、社區及家長參與方式。

十三、經費需求、來源及收費基準。

十四、預計招收學生人數。

十五、實驗期程及步驟。

十六、自我評鑑之方式。

十七、實驗教育計畫主持人（以下簡稱計畫主持人）及參與人員背景資料。

前項實驗教育計畫期程，依申請辦理之不同教育階段規定如下：

一、高級中等以下階段學校型態實驗教育：三年以上十二年以下。但經主管機關許可續辦者，得予延長，每次延長期限為三年以上十二年以下。

二、專科以上階段學校型態實驗教育：四年以上十二年以下，並以辦理專科班、學士班或碩士班為限。但經主管機關許可續辦者，得予延長，每次延長期限為四年以上十二年以下。

第 8 條（審議會審議實驗教育計畫應考量之因素）

實驗教育審議會審議實驗教育計畫時，應考量下列因素：

一、保障學生學習權與落實家長及學生教育選擇權。

二、計畫內容之合理性及可行性，並應符合第三條第二項規定。

三、預期成效。

第 9 條（學校於實驗規範之範圍內，得不適用現行相關法規）

第七條第二項第九款之實驗規範，應就第三條第一項所定事項擬訂，於該規範之範圍內，得不適用教育人員任用條例、教師法、國民教育法、高級中等教育法、專科學校法、大學法、私立學校法、技術及職業教育法、特殊教育法、學位授予法、師資培育法、學生輔導法、國民體育法及其相關法規之部分規定，並應載明其不適用之相關規定。

私立實驗教育學校之主管機關屬直轄市、縣（市）政府者，其實驗規範應報中央主管機關核定。

第 10 條（主管機關受理申請作成決定之期限）

第七條第一項之申請，應由各該主管機關於受理申請之日起三個月內作成決定，必要時得延長一次，並以三個月為限。

第 11 條（實驗教育結果報告提出之期限及續辦之申請）

實驗教育計畫結束六個月前，計畫主持人應提出結果報告，並得同時提出續辦之申請。

前項實驗教育結果報告，應報各該主管機關送實驗教育審議會審議，並作為是否許可續辦之參考。

第一項續辦之申請、審議及許可程序，準用第七條至前條規定。

第 12 條（實驗教育學校聘僱外國人之資格及申請程序）

私立高級中等以下實驗教育學校聘僱應經工作許可之外國人，從事學科、外國

語文課程教學、師資養成、課程研發及活動推廣工作，得檢具相關文件，向中央主管機關申請許可；其屬合格外國語文課程教師者，不受就業服務法第四十六條第二項及第四十八條第一項本文、第二項規定之限制。

前項外國人之教學資格、人數、每週從事相關工作時數、審查基準、申請許可、廢止許可、聘僱管理及其他相關事項之辦法，由中央主管機關定之。

依第一項規定聘僱之外國人，其他聘僱管理，依就業服務法有關從事該法第四十六條第一項第一款至第六款工作者之規定辦理；其停留、居留及永久居留，依入出國及移民法規定辦理。

第 13 條（實驗教育計畫變更之申請程序）

實驗教育計畫經主管機關許可後，計畫主持人及學校校長以不變更爲原則；計畫內容有變更之必要時，計畫主持人應於學年度開始六個月前，報各該主管機關送實驗教育審議會審議通過後，由主管機關同意變更。

第三章　私立實驗教育學校之許可

第 14 條（申請改制或設立之要件）

學校法人及其他非營利之私法人，經各該主管機關許可辦理學校型態實驗教育，並符合下列各款規定之一者，得申請設立或改制私立實驗教育學校：

一、申請設立或改制私立高級中等以下實驗教育學校者，應符合下列各目規定：

（一）招生對象爲六歲至十八歲之學生。

（二）每年級學生人數不得超過五十人，自國民教育階段至高級中等教育階段學生總人數，不得超過六百人。但僅單獨辦理高級中等教育階段或國民中學教育階段者，其學生總人數，分別不得超過二百四十人，每年級學生不受五十人之限制。

（三）專任教師對學生人數之比例不低於一比十；其應有專任教師人數之一半，得以兼任教師折抵，兼任教師三人以專任教師一人計算。

（四）學生學習活動室內場地使用面積，每人不得少於一點五平方公尺，其面

積不包括室內走廊及樓梯；學生學習活動室外面積，每人不得少於三平
方公尺。但每人之樓地板總面積高於四平方公尺者，不在此限。

二、申請設立或改制私立專科以上實驗教育學校者，應符合下列各目規定：

（一）招生對象：專科班或學士班為公、私立高級中等學校或同等學校畢業之
學生，或具有同等學力之學生；碩士班為取得學士學位或具有同等學力
之學生。

（二）自專科班階段至碩士班階段學生總人數，不得超過五百人。但僅單獨辦
理專科班階段或碩士班階段者，其學生總人數，分別不得超過一百六十
人；僅單獨辦理學士班階段，其學生總人數不得超過三百二十人。

學校法人所設私立實驗教育學校，適用私立學校法之規定；其他非營利之私法
人所設私立實驗教育學校，視同私立學校法所定私立學校，除本條例另有規定
外，適用私立學校法之規定。

學校法人組織及運作之監督，依私立學校法及其相關法規之規定；其他非營利
之私法人組織及運作之監督，依各該法人設立許可法規之規定。

第 15 條（申請設立或改制之程序及相關計畫應載明之事項）

學校法人申請設立或改制私立實驗教育學校，或其他非營利之私法人申請設立
私立實驗教育學校，應由各該法人之代表人於學年度開始六個月前，擬具設校
或改制計畫，向各該主管機關提出，經實驗教育審議會審議通過後，由各該主
管機關許可其設立或改制。

前項設校或改制計畫，應載明下列事項：

一、學校名稱。

二、設校或改制之時程。

三、預定設校規劃或改制前學校狀況。

四、學校位置、面積及相關資料。

五、規劃中或現有組織編制及班級師生人數。

六、法人登記證書。

七、法人資產狀況及經會計師簽證之財務報表。

八、前三年學校經費概算及籌措方式。

九、法人之代表人、擬聘或現任之校長、教師及其他人員之相關資料或同意受
　　聘意願書。

第一項設立或改制計畫，得由申請人併同第七條實驗教育計畫向各該主管機關
提出，經實驗教育審議會併同審議通過後，由各該主管機關許可。

第 16 條（申請設立或改制校地、校舍及教學設備等之相關規定）

學校法人申請設立或改制私立實驗教育學校，或其他非營利之私法人申請設立
私立實驗教育學校者，其校地、校舍及教學設備，應符合足夠進行實驗教育之
基本教學及行政需求，不受高級中等以下學校及其分校分部設立變更停辦辦法
及專科以上學校及其分校分部專科部技術型高級中等學校部設立變更停辦辦法
之限制；私立專科以上實驗教育學校設校標準，由中央主管機關定之。

前項校地及校舍，申請人應檢附所有權人同意該校於實驗教育實施期間內，得
合法使用並經依法公證之證明文件。

各該主管機關為鼓勵學校型態實驗教育之實施，得將公有之都市計畫學校用地
或閒置之校地校舍，依相關法令提供私立實驗教育學校使用或租用。實驗教育
學校租用土地之租期，依其實驗計畫期程，不適用私立學校法第三十六條第三
項應至少承租三十年之規定。

第四章　評鑑、監督及獎勵

第 17 條（審議會委員之評鑑）

各該主管機關應於實驗教育計畫期間，邀集實驗教育審議會委員組成評鑑小組
辦理評鑑；其評鑑結果，併同實驗計畫成果報告書，作為申請續辦實驗教育計
畫之參考。

前項評鑑之實施期程、內容、程序、評鑑小組之組成、成員之資格及評鑑結果
之處理等相關事項之辦法，由中央主管機關定之。

第 18 條（國內外專業評鑑機構之評鑑）

私立專科以上實驗教育學校應建立教學品質保證機制，得定期接受國內或國外專業評鑑機構之評鑑或認可；其教學品質保證機制、評鑑、認可及相關事項之辦法，由中央主管機關定之。

前項教學品質保證機制及獲得專業評鑑機構評鑑或認可之情形，應一併載明於招生簡章。

第 19 條（評鑑結果不良等主管機關應採取之措施）

私立實驗教育學校違反本條例或實驗教育計畫、經實驗教育評鑑結果辦理不善或有影響學生權益之情事時，各該主管機關應採取下列全部或部分措施：

一、輔導。

二、糾正。

三、限期整頓改善。

四、停止招生或減少招生人數。

五、停辦實驗教育計畫。

各該主管機關對私立實驗教育學校採取前項第四款或第五款之措施前，應先提請實驗教育審議會審議，並對就讀學生採取必要之補救措施。

實驗教育計畫經停辦或不續辦之私立實驗教育學校，其為學校法人所設私立學校改制者，廢止其改制許可，恢復原有辦學型態；其為學校法人或其他非營利之私法人設者，廢止其設立許可。

第 20 條（實驗教育經停辦或不續辦時，學生之處理方式）

私立實驗教育學校之實驗教育計畫經停辦或不續辦時，應依學生意願留校或輔導轉學，必要時得由各該主管機關分發學生至其他學校。

學校法人或其他非營利之私法人依法解散時，各該主管機關應廢止其私立實驗教育學校之許可。

第 21 條（實驗教育計畫經停辦或不續辦時，其教職員工之處理方式）

私立實驗教育學校之實驗教育計畫經停辦或不續辦時，學校法人或其他非營利之私法人對於爲辦理實驗教育進用之編制外職員及其他適用勞動基準法之人員終止契約者，應依勞動法規規定辦理；其對於爲辦理實驗教育進用之編制外教師終止契約者，應依勞動法規規定計算標準數額給予補償。

第 22 條（評鑑成績優良之獎勵及經驗分享）

私立實驗教育學校經評鑑成績優良者，各該主管機關應予獎勵；實驗成果有推廣價值者，各該主管機關應定期舉行公開發表會、學術研討會或教學觀摩會，以分享實驗經驗。

第五章　附則

第 23 條（公立學校辦理學校型態實驗教育準用本條例相關規定）

公立學校經校務會議通過後得提出申請，或由各該主管機關指定所屬高級中等以下公立學校，以學校爲範圍，依據特定教育理念，就行政運作、組織型態、設備設施、課程教學、學生入學、學習成就評量、學生事務及輔導等事項，辦理學校型態實驗教育，並準用第五條、第六條、第七條第一項、第二項第一款至第五款、第七款、第八款、第十一款、第十三款至第十七款、第三項、第八條、第十一條第一項、第二項、第十二條、第十四條第一項第一款第一目、第二目、第二款、第十七條、第二十條第一項、第二十一條及前條規定。

原住民重點學校以外之公立學校辦理學校型態實驗教育，其學校總數，不得逾主管機關所屬同一教育階段總校數百分之五，不足一校者，以一校採計。但情況特殊，其實驗教育計畫於學年度開始六個月前逐案報中央主管機關審查核定者，不得逾同一教育階段總校數百分之十五。

前項學校總數，不得逾全國同一教育階段總校數百分之十。

公立學校辦理學校型態實驗教育，應就第一項所定事項擬訂實驗規範，報學校主管機關核轉中央主管機關核定；於實驗規範之範圍內，得不適用國民教育法、高級中等教育法、專科學校法、大學法、技術及職業教育法、特殊教育

法、學位授予法、師資培育法、學生輔導法、國民體育法及其相關法規之部分規定，並應載明其不適用之相關規定。屬第二項但書情形者，併實驗教育計畫報送。

公立學校辦理學校型態實驗教育，其校長之遴選、聘任程序，由各該主管機關依實際需要另定之；校長辦學績效卓著，其校務發展計畫經實驗教育審議會通過，並經各該主管機關校長遴選委員會同意者，得不受連任一次之限制。

公立高級中等以下實驗教育學校，其校長得以具教育人員任用條例第四條、第五條或第六條資格之一者聘任之。

公立學校辦理學校型態實驗教育，得依相關法規規定以契約方式進用編制外之教職員。

第 24 條（非營利之私法人設立之非學校型態機構實驗教育，申請改設立為私立實驗教育學校者，繼續適用原建築物使用組別及其建築相關法令之規定）

非營利之私法人所設之非學校型態機構實驗教育，以原有場地及建築物，且學生人數符合原規定，依本條例申請改設立為私立高級中等以下實驗教育學校者，得於報各該主管機關許可後，繼續適用原建築物使用組別及其建築相關法令之規定。

第 25 條（辦理學校型態實驗教育應遵行事項，授權主管機關訂定辦法）

學校法人及其他非營利之私法人申請辦理學校型態實驗教育之許可條件、程序、實驗教育計畫之審查、續辦、改制或設立私立實驗教育學校之程序、許可之廢止、恢復原有辦學型態、監督、獎勵及其他應遵行事項之辦法，於高級中等以下教育階段，由各該主管機關定之；於專科以上教育階段，由中央主管機關定之。

公立學校辦理學校型態實驗教育之條件、程序、實驗教育計畫之審查、變更、續辦、指定之廢止、恢復原有辦學型態、監督、獎勵及其他應遵行事項之辦法，於高級中等以下教育階段，由各該主管機關定之；於專科以上教育階段，

由中央主管機關定之。

各級主管機關得編列預算，對前二項實驗教育學校予以補助；其屬偏遠地區學校者，應優先補助。中央主管機關應依直轄市、縣（市）政府財力級次優予補助，並應專款專用。

直轄市、縣（市）主管機關辦理實驗教育績效優良者，中央主管機關得予獎勵。

第 26 條（實驗教育網路平臺之建置，舉辦說明會提供多元選擇資訊）

各級主管機關得建置實驗教育網路平臺，舉辦說明會，提供多元選擇資訊，促進社會大眾之認知。

實驗教育得與在地社區或組織合作，結合地方產業、地方創生活化教學，並得聘請業界專家協助教學。

第 27 條（施行細則）

本條例施行細則，由中央主管機關定之。

第 28 條（施行日）

本條例自公布日施行。

附錄二
高級中等以下教育階段非學校型態實驗教育實施條例

修正日期：民國 107 年 01 月 31 日

第 1 條
為保障學生學習權及家長教育選擇權，提供學校型態以外之其他教育方式及內容，落實教育基本法第八條第三項及第十三條規定，特制定本條例。

第 2 條
本條例所稱主管機關：在中央為教育部；在直轄市為直轄市政府；在縣（市）為縣（市）政府。

第 3 條
1. 本條例所稱非學校型態實驗教育（以下簡稱實驗教育），指學校教育以外，非以營利為目的，採用實驗課程，以培養德、智、體、群、美五育均衡發展之健全國民為目的所辦理之教育。
2. 具有國民小學、國民中學或高級中等學校入學資格者，得依本條例規定參與各該教育階段實驗教育；參與實驗教育者，視同各教育階段學校之學生。
3. 依本條例規定參與國民教育階段實驗教育之學生，視同接受同一教育階段之學校教育，不受強迫入學條例之規範。

第 4 條
1. 實驗教育應依下列方式辦理：
一、個人實驗教育：指為學生個人，在家庭或其他場所實施之實驗教育。
二、團體實驗教育：指為三人以上學生，於共同時間及場所實施之實驗教育。
三、機構實驗教育：指由學校財團法人以外之非營利法人（以下簡稱非營利法

人）設立之機構，以實驗課程為主要目的，在固定場所實施之實驗教育。

2. 前項第二款團體實驗教育學生總人數，以三十人為限。

3. 第一項第三款機構實驗教育，每班學生人數不得超過二十五人，國民教育
階段學生總人數不得超過二百五十人，高級中等教育階段學生總人數不得超過
一百二十五人，且生師比不得高於十比一，並不得以學生之認知測驗結果或學
校成績評量紀錄作為入學標準。

第 5 條

1. 申請辦理實驗教育之方式及程序如下：

一、個人實驗教育：由學生之法定代理人，向戶籍所在地直轄市、縣（市）主
　　管機關提出。但學生已成年者，由其本人提出。

二、團體實驗教育：由學生之法定代理人，共同或推派一人為代表，向團體成
　　員設籍占最多數者之直轄市、縣（市）主管機關提出。但學生已成年者，
　　由其本人，共同或推派一人為代表提出。

三、機構實驗教育：由非營利法人之代表人，向擬設實驗教育機構所在地直轄
　　市、縣（市）主管機關提出。

2. 直轄市、縣（市）主管機關應於每年二月底前，將申請辦理實驗教育之相關
資訊，公告於其網頁上。

第 6 條

1. 前條申請人應填具申請書，並檢附實驗教育計畫，至遲於每年四月三十日
或十月三十一日前提出申請。

2. 前項申請書及實驗教育計畫，應分別載明下列事項：

一、申請書：申請人、聯絡方式、實驗教育之對象及期程。

二、實驗教育計畫：實驗教育之名稱、目的、方式、內容（包括課程所屬類型
　　與教學、學習評量及預定使用學校設施、設備項目；身心障礙學生使用設
　　施之需求，應予載明）、預期成效、計畫主持人及參與實驗教育人員之相
　　關資料。

3. 申請辦理團體實驗教育者，除前項所定資料外，並應檢附下列資料：

一、教學資源相關資料。

二、教學場地同意使用證明文件。

三、學生名冊。

四、計畫經費來源及財務規劃。

五、由申請人推派之代表提出申請者，應檢附其他申請人同意參與實驗教育之
　　聲明書。

4. 申請辦理機構實驗教育者，除第二項所定資料外，並應檢附下列資料：

一、法人及擬聘實驗教育機構負責人之相關資料。

二、實驗教育機構名稱。

三、實驗教育機構地址及位置略圖。

四、實驗教育理念。

五、教學資源及師資之相關資料。

六、教學場地同意使用證明文件。

七、計畫經費來源、財務規劃及收、退費規定。

5. 實驗教育計畫期程，應配合學校學期時間；國民小學教育階段最長為六年，
國民中學教育階段最長為三年，高級中等教育階段最長為三年。

6. 前項高級中等教育階段實驗教育計畫期程，必要時得申請延長，以一次為
限，其期間最長為二年。但學生因身心障礙、懷孕、分娩或撫育三歲以下子女
而申請延長者，其期間最長為四年。

7. 完成國民教育階段實驗教育之學生，不得重行依本條例規定申請參與同一
教育階段之實驗教育。

8. 實驗教育計畫有變更之必要時，申請人應檢具變更後之實驗教育計畫，向
直轄市、縣（市）主管機關申請許可。但團體實驗教育之學生人數變更，其變
更人數未達原核定學生數三分之一者，應將變更後之學生名冊報直轄市、縣
（市）主管機關備查，免申請許可。

9. 申請書或實驗教育計畫不合規定之程式者，應通知申請人於十五日內補正；
屆期未補正者，得不予許可。

第 7 條

1. 於固定場所辦理團體實驗教育及機構實驗教育者，應符合下列規定：

一、學生學習活動室內場地使用面積，每人不得少於一點五平方公尺，其面
　　積不包括室內走廊及樓梯；機構實驗教育除應符合室內場地使用面積規定
　　外，學生學習活動室外面積，每人不得少於三平方公尺，但機構實驗教育
　　每人之樓地板總面積高於四平方公尺者，不在此限。

二、教學場地，以地面以上一層至五層樓為原則。

三、建築物應符合 D-5 使用組別及建築相關法令規定。但符合本款規定有困
　　難或因教學型態有實際需求者，得專案報直轄市、縣（市）主管機關許可
　　後，依許可內容辦理之，其許可使用類組，由中央主管機關另行公告之。

四、教學場地應符合消防安全規定，總樓地板面積二百平方公尺以上者，應指
　　派防火管理人。

2. 辦理團體實驗教育及機構實驗教育者，得依法申請使用公立學校之閒置空
間，或經學校財團法人依法同意租、借私立學校之空餘空間；並不受前項第三
款建築物使用組別之限制。

3. 各該主管機關為鼓勵非學校型態實驗教育之實施，得將公有之都市計畫學
校用地或閒置之校地校舍，依相關法令提供團體實驗教育或機構實驗教育使用
或租用。

第 8 條

1. 實驗教育之理念，應以學生為中心，尊重學生之多元文化、信仰及多元智
能，課程、教學、教材、教法或評量之規劃，應以引導學生適性學習為目標。

2. 實驗教育之教學，應由實質具有與教學內容相關專長者擔任。

3. 實驗教育機構負責人聘僱應經工作許可之外國人，從事學科、外國語文課
程教學、師資養成、課程研發及活動推廣工作，得檢具相關文件，向中央主管
機關申請許可。

4. 前項外國人之教學資格、人數、每週從事相關工作時數、審查基準、申請
許可、廢止許可、聘僱管理及其他相關事項之辦法，由中央主管機關定之。

5. 依第三項規定聘僱之外國人，其他聘僱管理，依就業服務法有關從事該法第四十六條第一項第一款至第六款工作者之規定辦理；其停留、居留及永久居留，依入出國及移民法規定辦理。

6. 實驗教育之課程與教學、學習領域及教材教法，應依直轄市、縣（市）主管機關許可之實驗教育計畫所定內容實施，不受課程綱要之限制；學生學習評量，應依該許可之實教育計畫所定評量方式實施。

第 9 條

1. 機構實驗教育應維護學生基本人權，積極營造友善之教育環境，並遵守下列事項：

一、實施實驗教育，應事先徵得學生本人及其法定代理人之同意或載明於招生簡章中。

二、學生本人及其法定代理人申請退出實驗教育者，不得拒絕之。

三、學生不適應實驗教育時，應由機構提供必要之輔導，經評估確認仍不適應時，輔導其轉出。

四、學生本人或其法定代理人申請了解學生學習狀況或實驗教育結果，機構應予告知或提供資料。

五、無正當理由，不得於招生或教育過程中，使學生受差別待遇。

六、不得洩漏學生個人資料及其他隱私。

七、不得有虐待、疏忽照顧或其他傷害學生身心發展之行為。

八、不得為其他侵害學生人權之行為。

九、其他主管機關規定之事項。

2. 高級中等學校對於前項第三款轉入之學生，應考量其特殊性，就原於實驗教育修習之學分，依相關規定從寬予以採認抵免。

第 10 條

1. 直轄市、縣（市）主管機關為審議實驗教育之申請、變更、續辦及其他相關事項，應組成非學校型態實驗教育審議會（以下簡稱審議會），並得依個人、

團體或機構實驗教育之屬性，分組審議。

2. 前項審議會置委員九人至二十一人，由直轄市、縣（市）主管機關就熟悉實驗教育之下列人員聘（派）兼之，其中第四款至第六款之委員人數合計不得少於委員總人數五分之二；任一性別委員人數不得少於委員總人數三分之一：

一、教育行政機關代表。

二、具有會計、財務金融、法律或教育專業之專家、學者。

三、校長及教師組織代表。

四、具有實驗教育經驗之校長或教學人員。

五、實驗教育家長代表、本人或子女曾接受實驗教育者。

六、實驗教育相關團體代表。

3. 前項委員任期二年，其續聘以二次為限；每次聘任之委員中續聘之委員不得超過委員總數之三分之二。任期內出缺時，得補行聘（派）兼，其任期至原任期屆滿之日為止。

4. 實驗教育計畫涉及原住民族實驗教育者，應增聘具原住民身分之委員一人至二人；其委員人數及任期，不受前二項規定之限制。

5. 審議會主席，由委員互推產生。

6. 審議會委員，均為無給職。

第 11 條

1. 實驗教育之申請、變更、續辦或廢止許可，應經審議會之決議；審議會之決議，應有委員三分之二以上之出席，以出席委員過半數之同意行之。

2. 審議會開會時，屬個人實驗教育審議案件者，得邀請申請人列席陳述意見；屬團體實驗教育及機構實驗教育審議案件者，應邀請申請人或其推派提出申請之代表列席陳述意見；必要時，得邀請學生本人、設籍學校代表或學生之法定代理人列席。

第 12 條

1. 審議會審議實驗教育計畫時，應考量下列因素：

一、保障學生學習權及落實家長教育選擇權。

二、計畫內容之合理性及可行性,並應符合第八條第一項規定。

三、預期成效。

2. 前項實驗教育計畫為辦理團體實驗教育或機構實驗教育者,並應考量下列因素:

一、申請人、實驗教育機構負責人、計畫主持人與參與實驗教育人員之資格及專業能力。

二、計畫經費來源、財務規劃之健全性及收費規定之合理性。

三、授課時間安排之適當性。

第 13 條

1. 申請辦理個人或團體實驗教育者,經審議會審議通過後,由直轄市、縣(市)主管機關許可辦理;申請辦理機構實驗教育者,經審議會審議通過後,由直轄市、縣(市)主管機關許可籌設實驗教育機構辦理之。

2. 直轄市、縣(市)主管機關應自受理前項申請之日起算二個月內,作成許可與否之決定,必要時,得延長一個月,並通知申請人。

第 14 條

1. 實驗教育機構之許可籌設期間,以一年為限;期間屆滿一個月前,得申請延長一年,並以一次為限。

2. 申請人應於前項許可籌設期間屆滿前,檢具下列資料,向直轄市、縣(市)主管機關申請實驗教育機構之立案許可,並由該主管機關發給立案證書:

一、擬聘之教學人員與職員之名冊、學經歷證明及身分證明文件影本。

二、教學場地之建築物合法使用執照。但使用公立學校校舍者,免附。

三、前款建築物之所有權證明或租用、借用三年以上經公證之契約。但使用公立學校校舍者,免附。

3. 前項許可立案之機構名稱,應為某某實驗教育機構,並冠以直轄市、縣(市)之名稱,不得以實驗學校為名。

4. 實驗教育機構使用相同、近似或其他足以使一般民眾誤認為學校之名稱者，直轄市、縣（市）主管機關應令其變更之。

5. 直轄市、縣（市）主管機關應就第二項立案許可之申請，自受理申請之日起算一個月內，作成許可與否之決定。申請人檢具之資料不合規定之程式者，應通知申請人於十五日內補正；屆期未補正者，得不予許可。

6. 申請人於第一項許可籌設期間屆滿，仍未完成籌設，或其籌設活動涉有違法情事者，直轄市、縣（市）主管機關得廢止其籌設許可。

第 15 條

1. 參與國民教育階段個人實驗教育之學生，其學籍設於原學區學校；參與團體實驗教育或機構實驗教育之學生，其學籍設於受理辦理實驗教育申請之直轄市、縣（市）主管機關指定之學校。

2. 直轄市、縣（市）主管機關許可辦理國民教育階段實驗教育後，應通知前項學校辦理學籍相關事宜。

3. 國民教育階段實驗教育之學生修業期滿成績及格者，由設籍學校發給畢業證書。

4. 國民教育階段因故停止實驗教育之學生，應返回設籍學校、戶籍所在學區學校或其他公、私立學校就讀；違反者，依強迫入學條例處理。

5. 國民教育階段實驗教育學生轉出、轉入之規定，由直轄市、縣（市）主管機關定之。

6. 國民教育階段實驗教育之學生返回學校就讀時，學校應給予必要之協助及輔導。

7. 國民教育階段實驗教育之學生參加需由學校推薦之各項競賽及活動，享有與其他學生相同之機會；設籍學校於學期初，應以書面提供家長相關競賽及活動資訊，屬臨時性競賽或活動者，學校得另行通知。

8. 國民教育階段實驗教育之學生得平等參與各類競賽。

9. 國民教育階段實驗教育之學生得申請使用設籍學校之設施、設備；其依規定應收費者，學校得減免之。

10. 設籍學校得依國民教育階段實驗教育學生之實際需要，向學生收取代收或代辦費。

第 16 條

1. 依本條例參與高級中等教育階段實驗教育之學生，擬同時取得高級中等學校學籍者，應依高級中等學校多元入學招生辦法之規定入學，並由其法定代理人就課程與教學之實施、成績之評量、校內活動之參與、學雜費之收取及其他有關實驗教育之事項，與該學校擬訂合作計畫，經學校報主管機關許可後進行合作。但學生已成年者，該合作計畫由其本人與學校擬訂。

2. 前項學生修業期滿，依高級中等學校學生學習評量辦法或與學校之合作計畫所定評量方式評量；成績及格者，由設籍學校依高級中等教育法相關規定，發給畢業證書或修業證明書。

第 17 條

依本條例參與高級中等教育階段實驗教育之學生，未入學高級中等學校取得學籍者，得由其法定代理人就課程與教學之參與、成績之評量、校內活動之參加、費用收取及其他有關實驗教育之事項，與各類高級中等學校擬訂合作計畫，經學校報主管機關許可後進行合作。但學生已成年者，該合作計畫由其本人與學校擬訂。

第 18 條

依本條例參與高級中等教育階段實驗教育之學生，未入學高級中等學校取得學籍，得由辦理實驗教育之申請人造具參與實驗教育學生名冊，報請直轄市、縣（市）主管機關發給學生身分證明者，享有同一教育階段學校學生依法令所定之各項受教權益、福利及優惠措施，並據以平等參與各類競賽；其相關辦法，由中央主管機關定之。

第 19 條

1. 依第十六條第一項規定取得學籍之學生，得依高級中等學校向學生收取費用辦法規定，向學校申請學費補助；依前二條規定未取得學籍之學生，得比照上開辦法有關私立學校學生之規定，依其實驗教育計畫內容，向直轄市、縣（市）主管機關申請核轉中央主管機關補助學費。

2. 辦理團體實驗教育者，應公開其收取費用之項目、數額及用途，並向參與之學生及家長說明。

3. 辦理機構實驗教育者，應於招生簡章載明每學年度向學生收取費用之項目、數額及用途，並於網路公告。

第 20 條

1. 辦理個人實驗教育者，應於每學年度結束後二個月內，提出學生學習狀況報告書，爲期三年以上之實驗計畫於計畫結束當學年應併提出實驗教育成果報告書，屬國民教育階段者，報直轄市、縣（市）主管機關備查；屬高級中等教育階段者，報直轄市、縣（市）主管機關核定。

2. 辦理團體實驗教育及機構實驗教育者，應於每學年度結束後二個月內，爲期三年以上之實驗計畫於計畫結束當學年應併提出實驗教育成果報告書，屬國民教育階段者，報直轄市、縣（市）主管機關備查；屬高級中等教育階段者，報直轄市、縣（市）主管機關核定。

3. 參與高級中等教育階段實驗教育計畫總期程達一年半以上，且學習狀況報告書或年度報告書經核定者，直轄市、縣（市）主管機關應依申請，發給學生參與高級中等教育階段實驗教育證明。

4. 辦理機構實驗教育者於依第二項規定提出年度報告書時，應同時提出該年度預算書及年度決算表，報直轄市、縣（市）主管機關備查。

第 21 條

1. 直轄市、縣（市）主管機關應於每學年度邀集審議會委員或委託相關學術團體、專業機構辦理個人實驗教育及團體實驗教育之訪視；於訪視前，應公布訪

視項目，訪視後，應公布訪視結果；必要時，並得請參與或辦理實驗教育之學生、家長、團體進行成果發表。

2. 直轄市、縣（市）主管機關認有必要時，得請審議會指定委員攜帶證明文件，赴實驗教育機構進行訪視、調查，並得要求該機構之代表人或承辦人員提出報告或提供必要之文書資料及物品；或洽請有關機關協助執行。

3. 前二項訪視結果不佳者，直轄市、縣（市）主管機關應予以輔導，並令辦理實驗教育者限期改善，屆期未改善者，經審議會審議通過後，廢止其辦理實驗教育之許可；訪視結果優良者，得作為許可續辦之參考。

第 22 條

1. 直轄市、縣（市）主管機關應於機構實驗教育計畫期滿三個月前，對機構實驗教育辦理成效評鑑；經評鑑通過者，得依第六條第一項所定期限，檢具實驗教育計畫成果報告書及後續之實驗教育計畫，向直轄市、縣（市）主管機關申請續辦。但有情況急迫之特殊情形者，實驗教育計畫主持人得於評鑑通過前，向直轄市、縣（市）主管機關提出續辦之申請。

2. 前項評鑑之實施期程、內容、程序、評鑑小組之組成、成員之資格、評鑑結果作成期限及評鑑結果之處理等相關事項之辦法，由中央主管機關定之。

3. 第一項續辦之申請、審議及許可，準用申請辦理實驗教育之規定。

4. 各級主管機關得編列預算，對實驗教育機構予以補助。中央主管機關應依直轄市、縣（市）政府財力級次予以補助，並應專款專用。

第 23 條

實驗教育之實施違反本條例或實驗教育計畫、經實驗教育評鑑結果辦理不善或有影響學生權益之情事者，直轄市、縣（市）主管機關應令其限期改善，屆期未改善者，經審議會審議通過後，廢止其辦理實驗教育之許可。

第 24 條

直轄市、縣（市）主管機關對學生、家長、團體或機構於申請、參與或辦理實

驗教育之過程中，應提供必要之協助及輔導。

第 25 條

1. 直轄市、縣（市）政府應結合社政、警政、衛生、教育、司法、民政、新聞等機關或單位，協助團體、機構實驗教育者建構兒童及少年保護家庭暴力與性侵害事件協助通報、救援與保護服務網絡，並邀集團體、機構實驗教育者，定期參與聯繫會報，加強橫向聯繫機制，檢討及改進合作模式。

2. 參與團體、機構實驗教育之學生有下列情形之一，依相關法規規定學校有通報義務者，該團體、機構應準用學校通報程序之規定協助辦理通報：

一、有強迫入學條例及國民中小學中途輟學學生通報及復學輔導辦法規定之應入學未入學或中途輟學。

二、有家庭暴力防治法規定之家庭暴力、性侵害犯罪防治法規定之性侵害犯罪、兒童及少年性剝削防制條例規定之兒童或少年性剝削、性別平等教育法規定之性侵害、性騷擾、性霸凌或人口販運防制法規定之人口販運。

三、有社會救助法規定之社會救助需要、兒童及少年福利與權益保障法規定之發展遲緩、家庭遭遇經濟、教養、婚姻、醫療等問題致有未獲適當照顧之虞，或同法第五十三條第一項各款規定情形之一。

四、為身心障礙者，有身心障礙者權益保障法第七十五條各款規定情形之一。

五、其他法規規定學校有通報義務。

3. 直轄市、縣（市）政府應向團體、機構實驗教育者進行協助通報宣導及提供教育訓練，加強落實協助通報制度。

4. 直轄市、縣（市）政府應針對協助通報事項訂定保護措施，並針對未盡協助通報案件之調查，加強處理。

5. 協助通報人身分資料遭洩露致有安全之虞，直轄市、縣（市）政府應聯繫警察單位提供安全維護，並酌予心理諮商、訴訟扶助。

第 26 條

直轄市、縣（市）主管機關與設籍學校對參與實驗教育之特殊教育、原住民及低收入戶學生，應提供必要之資源及協助。

第 27 條

實驗教育機構得設學生家長會；其設置及運作方式，準用同一教育階段家長參與學校事務相關法規之規定。

第 28 條

1. 直轄市、縣（市）主管機關於不牴觸本條例之範圍內，得訂定實驗教育之自治法規或補充規定。
2. 直轄市、縣（市）主管機關訂定前項實驗教育之自治法規或補充規定時，應邀請熟悉實驗教育之教育學者專家、實驗教育團體代表、家長、教師、學校行政人員代表及其他相關人士參與。

第 29 條

本條例施行前，已經直轄市、縣（市）主管機關許可辦理之實驗教育，於本條例施行後，得依原規定繼續辦理至計畫結束止。

第 30 條

1. 依本條例參與實驗教育之學生，得依相關法規規定參加自學進修高級中等教育畢業程度學力鑑定考試。
2. 依本條例參與高級中等教育階段實驗教育之學生，符合下列情形之一，並持有直轄市、縣（市）主管機關發給之完成高級中等教育階段實驗教育證明者，得依相關法規規定，以同等學力報考大學：
一、完成至少三年實驗教育。
二、就讀高級中等學校及參與實驗教育時間合計至少三年。
3. 符合前項情形之一者，其實驗教育證明，應註明已修業完成高級中等教育

階段教育。

第 31 條

本條例自公布日施行。

附錄三
公立高級中等以下學校委託私人辦理實驗教育條例

修正日期：民國 110 年 12 月 22 日

第一章　總則

第 1 條

爲促進教育創新，鼓勵私人參與辦理公立高級中等以下學校（以下簡稱學校）實驗教育，以保障人民學習及受教育權利，增加人民選擇教育方式與內容之機會，促進教育多元化發展，落實教育基本法第十三條規定，特制定本條例。

第 2 條

本條例所稱主管機關：在中央爲教育部；在直轄市爲直轄市政府；在縣（市）爲縣（市）政府。

第 3 條

1. 本條例用詞，定義如下：

一、委託私人辦理：指核准設立學校之主管機關（以下簡稱各該主管機關），依學校辦學特性，針對學校土地、校舍、教學設備之使用、學區劃分、依法向學生收取之費用、課程、校長、教學人員與職員之人事管理、行政組織、員額編制、編班原則、教學評量、學校經費運用及學校評鑑等事項，與受託人簽訂行政契約，將學校之全部委託其辦理，或將學校之分校、分部、分班或可以明確劃分與區隔之一部分校地、校舍，於新設一所學校後委託其辦理。

二、受託人：指受各該主管機關委託辦理學校之本國自然人、非營利之私法人或民間機構、團體。但學校財團法人及其設立之私立學校或短期補習班，

不得為受託人。

三、受託學校：指由受託人受各該主管機關委託辦理之學校，仍屬公立學校。

2. 前項第一款新設學校之設立條件，得不受各該教育階段設校相關法令規定之限制。

3. 第一項第二款自然人、私法人或民間機構、團體之代表人或負責人，不得有教育人員任用條例第三十一條第一項規定各款情事之一。

第 4 條

1. 學校委託私人辦理，各該主管機關應提供同級同規模學校之教職員工員額編制之人事費、建築設備費及業務費予受託學校；人事費並應逐年依教職員工敘薪情形調整之。

2. 前項人事費，教師部分應以專任教師適用之基準編列之。

3. 受託學校對於第一項費用，除人事費不得流入及資本支出不得流出外，得於各用途別科目間彈性運用。

4. 受託學校辦學應保障學生受教權，實踐國民基本教育之公益性、公共性、效能性、實驗性、多元性及創新性。

第 5 條

1. 受託學校就學區劃分、依法向學生收取之費用、課程、校長、教學人員與職員之進用、行政組織、員額編制、編班原則及教學評量，得不適用下列法律與其相關法規及自治法規之規定：

一、國民教育法第四條第二項、第五條第三項、第六條第一項、第二項、第八條第一項、第八條之二、第九條第一項至第五項、第十條第二項至第四項及第六項、第十二條、第十三條及第十八條。

二、高級中等教育法第十四條、第十六條、第十八條、第十九條、第二十條第一項及第二項、第二十四條第一項、第三十條、第三十三條、第三十九條第一項、第四十三條第一項、第四十五條第一項及第二項、第四十六條、第四十八條、第四十九條及第五十六條第四項。

三、教育人員任用條例第四條、第五條、第六條、第十二條、第十三條、第二十一條、第二十七條及第二十八條。

2. 前項不適用範圍及替代方案，各該主管機關應於與受託人簽訂之行政契約中定明。

3. 受託學校在教學人員聘任、招生、課程及教學方面，均應符合性別平等教育法規定之內涵。

第二章　申請及審查程序

第 6 條

1. 各該主管機關就學校委託私人辦理，應先邀請學者、專家、地方社區人士、家長或相關人士進行專案評估，並舉行公聽會。但就國民教育階段之原住民重點學校委託私人辦理，自然人、非營利之私法人或民間機構、團體，得經徵求設籍於該學區成年原住民二分之一以上書面同意後，送請各該主管機關進行專案評估，並舉行公聽會，各該主管機關不得拒絕。

2. 自然人、非營利之私法人或民間機構、團體，就特定學校委託私人辦理，得向各該主管機關申請核准由申請人進行專案評估，並舉行公聽會；申請人進行專案評估，並舉行公聽會後，應彙整專案評估及公聽會資料，報各該主管機關審核專案評估是否通過。

3. 各該主管機關計劃停辦或合併學校前，得依第一項規定進行專案評估，並舉行公聽會後，委託私人辦理。

第 7 條

前條之專案評估通過後，各該主管機關應公告委託資格、期間、權利義務、評選基準、申請期限及決定程序等相關資訊，受理申請。

第 8 條

1. 前條申請，應提出經營計畫，載明下列事項：

一、申請人為自然人者，其姓名及住所或居所；申請人為私法人或民間機構、

團體者，其名稱及公務所、事務所或營業所。

二、計畫執行期間。

三、辦學目標、理念、特色及預期效益。

四、依第五條第二項規定，擬不受限制之法規規定、理由及替代方案。

五、擬聘校長之學、經歷及專長。

六、擬訂行政組織及員額編制。

七、人員進用方式及相關事項。

八、課程規劃及教學設計。

九、校園規劃、環境設計及教學設備計畫。

十、招生對象、招生人數及班級數等招生計畫。

十一、近程、中程及長程財務規劃。

十二、各該主管機關所定其他相關事項。

2. 前項經營計畫，各該主管機關應送請相關學者專家初審，並依學校屬直轄市、縣（市）立或國立，分別經直轄市、縣（市）教育審議委員會或中央主管機關所組學校委託私人辦理審議會（以下合稱審議會）複審。複審通過後，由各該主管機關核准委託辦理後通知申請人，並刊登公報。

3. 直轄市、縣（市）教育審議委員會審議之經營計畫，其涉及原住民族教育事務者，應增聘具原住民身分之委員一人至二人參與審議；其涉及實驗教育者，應增聘熟悉實驗教育之委員一人至二人參與審議；委員依該審議之案件聘免，不受直轄市、縣（市）教育審議委員會原有委員原有總額及任期之限制。

第 9 條

申請人應自收受核准委託辦理通知之次日起一個月內，與各該主管機關簽訂行政契約，其內容，除經依前條第二項複審通過之經營計畫外，應包括下列事項：

一、學校名稱及所在地。

二、委託辦理期間。

三、入學時間及學區劃分。

四、各該主管機關應協助事項。

五、雙方應負擔經費及辦理事項。

六、具體績效指標。

七、移轉管理標的。

八、違約之處理。

九、其他相關事項。

第 10 條

1. 申請人應於簽訂行政契約後三個月內完成下列事項，報各該主管機關核定後，辦理學生入學：

一、取得校長、教學人員及職員之同意受聘意願書。

二、完成課程規劃、教學與活動設計及教學資源運用等教學準備。

三、完成學生入學準備。

2. 受託人未於期限內完成前項事項者，得申請延長，最長不得逾三個月；屆期未完成者，各該主管機關得廢止核准，並解除契約。

3. 受託人認行政契約有變更必要時，應擬具修正草案，報各該主管機關同意後修正之；其涉及經營計畫之變更者，並應擬具經營計畫修正草案，報各該主管機關提審議會審議後，由各該主管機關核准變更。

第三章　教職員工權利義務

第 11 條

1. 各該主管機關就學校委託私人辦理前，原學校依教育人員、公務人員相關法規聘任、任用之現有編制內校長、教師及職員，於委託日隨同移轉至受託學校繼續聘任、任用者，仍具教育人員、公務人員身分；其任用、服務、懲戒、考績、訓練、進修、俸給、保險、保障、結社、退休、資遣、撫卹、福利及其他權益事項，依原適用之教育人員、公務人員相關法規辦理。

2. 前項繼續任用人員中，人事、會計人員之管理，與其他公務人員同。

3. 前二項繼續任用之公務人員，得依委託日前原適用之組織法規，依規定辦

理陞遷及銓敘審定。

4. 第一項、第二項人員於退休、資遣後受聘於受託人者，依第十五條至第十八條規定辦理，並停止領受月退休金及停辦優惠存款。

第 12 條

前條第一項之原學校校長、教師及職員不願隨同移轉至受託學校者，應由各該主管機關先參酌其意願予以專案安置，或於委託日依其適用之法規辦理退休或資遣。

第 13 條

各該主管機關就學校委託私人辦理前，原學校依教育人員相關法規聘任、兼任編制外教學人員，於委託日隨同移轉至受託學校繼續聘任者，依原適用之教育人員任用條例規定適用至契約屆滿為止。

第 14 條

1. 原學校適用勞動基準法之勞工於委託日隨同移轉至受託人者，其勞動條件及工作年資，應由受託人繼續予以承認；其不願隨同移轉者，應由原學校依法預告終止勞動契約，並依適用法律規定給付資遣費或退休金。

2. 原學校現有依工友管理要點（原事務管理規則）進用之工友（含技工、駕駛，以下簡稱原學校工友）於委託日得依原法規留用，或隨同移轉至受託人；隨同移轉至受託人者，於委託日依其適用之退休、資遣法令辦理退休、資遣，並改依受託學校人事管理規章辦理。

3. 前項原學校工友不願隨同移轉至受託人者，應由各該主管機關專案安置，其工作年資並應由安置機關（構）繼續予以承認。

第 15 條

1. 受託人得依校務發展及辦學特色需要，聘請具特定領域專長人員擔任校長，具教育人員任用條例所定校長資格者，得優先聘任；其權利與義務，適用

第十六條第二項規定。

2. 前項校長未具教育人員任用條例所定資格者，其權利與義務依有無具教師證書，分別適用第十六條第三項或第五項規定。

第 16 條

1. 受託人得依校務發展及辦學特色需要，聘請具特定科目、領域專長人員擔任教學人員，具教師證書者，得優先聘任。

2. 具教師證書非屬第十一條第一項情形之編制內專任教師，其權利與義務，適用公立學校編制內教師相關法令。但加給、獎金與福利事項，各該主管機關與受託人，及受託學校與教師所定契約另有約定依受託學校人事管理規章為更有利之規定者，從其規定。

3. 具教師證書之編制外專任教師，依下列規定辦理：

一、退休、撫卹、資遣、保險事項，依受託學校人事管理規章規定辦理，不適用公立學校教師相關法令。

二、前款以外之權利與義務，適用公立學校編制內教師相關法令。但加給、獎金與福利事項，各該主管機關與受託人，及受託人與教師所定契約另有約定依受託學校人事管理規章為更有利之規定者，從其規定。

4. 受託學校教師，於受託學校依其所適用之法令辦理退休、撫卹、資遣、保險給付時，其曾任本條例公布施行前之任職年資採計，依所適用之法令規定辦理。

5. 不具教師證書之教學人員，其待遇與福利事項，依受託人與教學人員所定契約及受託學校人事管理規章辦理，其退休、撫卹、資遣、保險事項，不適用公立學校教師相關法令規定，其於取得教師證書並任教於公立學校時，職務等級相當且服務成績優良之年資，得在本職最高年功薪範圍內按年採計提敘薪級。

6. 其他公立學校現任教師經任職學校同意及各該主管機關許可者，得借調至受託學校擔任編制內校長或教師，其期間總計不得逾三年，待遇及福利，由受

託學校支給，借調期滿回任原學校，原學校應保留職缺。

7. 前項借調期間，受託學校應依學校教職員退休條例規定，按月撥繳退撫基金。

第 17 條

1. 受託人聘僱應經工作許可之外國人，從事學科、外國語文課程教學、師資養成、課程研發及活動推廣工作，得檢具相關文件，向中央主管機關申請許可；其屬合格外國語文課程教師者，不受就業服務法第四十六條第二項及第四十八條第一項本文、第二項規定之限制。

2. 前項外國人之教學資格、人數、每週從事相關工作時數、審查基準、申請許可、廢止許可、聘僱管理及其他相關事項之辦法，由中央主管機關定之。

3. 依第一項規定聘僱之外國人，其他聘僱管理，依就業服務法有關從事該法第四十六條第一項第一款至第六款工作者之規定辦理；其停留、居留及永久居留，依入出國及移民法規定辦理。

第 18 條

受託學校於受託日後，新進之職員，依受託人與其所定契約及受託學校人事管理規章辦理，不適用公務人員相關法規。

第 19 條

1. 受託人應依受託學校規模，擬訂學校行政組織、人員配置及人事管理規章等重要章則，報各該主管機關核定。

2. 受託學校教師員額編制，不得低於公立學校之相關規定。

3. 受託學校所需之人事費，於支用第四條第一項各該主管機關所提供之人事費後仍有不足者，由受託人自籌，不得由其他用途別科目流入。

4. 受託學校之各項收入，應悉數用於教育活動及預算項目支出，不得爲營利或其他非教育目的行爲之支出。

第 20 條

1. 受託人或其代表人、負責人、董事或校長之配偶、三親等血親、姻親，不得擔任受託學校之總務、會計、人事職務或工作；其擔任總務、會計或擔任人事職務之人員於簽約前或校長到任前已擔任者，應調整其職務或工作。

2. 前項違反規定進用之人員，各該主管機關應令受託人或校長立即解除其職務；受託人或校長未立即辦理者，各該主管機關得逕予解除其職務。

第四章　招生、班級學生人數及教學設備

第 21 條

1. 公立國民小學及國民中學委託私人辦理者，直轄市、縣（市）主管機關與受託人訂定行政契約劃分學區時，得納入其他學區，不受原學校所屬學區之限制；其報名入學學生過多時，以設籍先後或抽籤方式決定其入學優先順序。

2. 前項學區，直轄市、縣（市）主管機關得因社區發展、人口變動、交通狀況、學校環境等因素考量，於舉行公聽會後變更契約調整之。

3. 學區學生不願就讀受託學校，直轄市、縣（市）主管機關應協助家長依其意願辦理學生轉入鄰近學校就讀，直轄市、縣（市）主管機關應補助其交通費；轉入學校應視實際需要對學生進行生活及學習輔導，並應考量其特殊性，就原於實驗教育修習之學分，依相關規定從寬予以採認抵免。

第 22 條

受託學校之班級學生人數，不得高於公立學校之相關規定；其教學設備依公立學校相關規定，但經各該主管機關核准者，不在此限。

第五章　評鑑、獎勵及輔導

第 23 條

1. 各該主管機關應組成評鑑小組，定期或不定期對受託學校實施評鑑及輔導。

2. 前項評鑑得委託相關學術機構或團體辦理，並於評鑑前公布評鑑項目、評鑑方式等相關事項，於評鑑後公布評鑑結果。評鑑時，得邀請家長陳述意見。

評鑑優良者，得予獎勵；評鑑未達標準者，得以書面糾正、限期改善，並接受複評。複評未通過，各該主管機關應再限期改善。

3. 前項評鑑、獎勵及輔導辦法，由各該主管機關定之。

4. 各級主管機關得編列預算，對學校予以補助。中央主管機關應依直轄市、縣（市）政府財力級次予以補助，並應專款專用。

第 24 條

前條評鑑優良者，於委託辦理期間屆滿時，各該主管機關得優先續約。

第六章　續約、接續辦理、契約終止及期滿之處理

第 25 條

受託人於委託辦理期間屆滿有意繼續經營者，應於委託辦理期間屆滿一年前提出辦學績效、財務報告、學校評鑑報告、後續經營計畫等，向各該主管機關申請續約。

第 26 條

1. 受託人於委託辦理期間屆滿依前條規定申請續約未獲同意、無意願續約，或經依第二十七條、第二十八條第二項規定終止契約者，由各該主管機關接續辦理，並指派適當人員代理校長處理校務，代理至新任校長遴選接任為止；代理校長之指派，不適用公立學校校長遴選之相關規定。

2. 前項情形，除委託契約另有訂定者外，受託人應將受託學校之各類財產、經營權、學生學籍資料、校務檔案等迅速移交各該主管機關。

3. 前二項接續辦理之相關事項，由各該主管機關訂定法規及自治法規辦理之。

第 27 條

1. 有下列各款情事之一者，各該主管機關應提經審議會決議後，終止委託契約：

一、受託人或受託學校從事營利或違法行為。

二、受託人或受託學校發生財務困難，致影響學校正常運作及損及學生權益。

三、受託學校發生其他足以嚴重影響學校經營及學生權益之情事。

四、受託學校依第二十三條規定，經複評未通過者，經各該主管機關再限期改善，屆期仍未改善。

2. 審議會於作出前項決議前，應召開公聽會，邀請受託學校之教師、學生及家長參與。

第 28 條

1. 各該主管機關於委託辦理期間屆滿前終止契約者，應於該學年度結束時為之。但有前條各款情事之一者，不在此限。

2. 受託人因經營不善終止契約、依委託契約所定或行政程序法規定得終止契約者，應於學年度結束六個月前，向各該主管機關申請，提經審議會決議後，由各該主管機關終止委託契約。

第 29 條

因契約終止或屆滿之受託國民小學或國民中學學生，有轉出需求者，直轄市、縣（市）主管機關應參酌家長意願，協助就近轉入未招滿額學校就學。

第 30 條

1. 委託辦理期間屆滿，受託人未與各該主管機關續約者，其依第十一條第一項規定隨同移轉至受託學校之教師及職員及依第十六條第二項適用公立學校教師相關法令之編制內教師，除辦理資遣或退休者外，由原學校繼續任用。

2. 前項以外之教學人員及職員，除辦理資遣或退休者外，應由受託人自行負責處理。

第七章　罰則

第 31 條

受託人或校長違反第二十條第一項規定者，由各該主管機關處新臺幣五萬元以上二十萬元以下罰鍰；其同時違反公職人員利益衝突迴避法者，優先適用該法處罰。

第八章　附則

第 32 條

本條例施行前已依原法規規定委託辦理之學校，得依原契約約定辦理至期間屆滿為止；期間屆滿後，應依本條例辦理。

第 33 條

本條例施行細則，由中央主管機關定之。

第 34 條

本條例自公布日施行。

國家圖書館出版品預行編目資料

實驗教育的理論與實務／顏士程著. -- 初版.
-- 臺北市：五南圖書出版股份有限公司,
2022.09
　面；　公分
ISBN 978-626-343-304-5（平裝）

1.CST: 臺灣教育　2.CST: 教育理論
3.CST: 文集

520.933　　　　　　　　111013775

4I07

實驗教育的理論與實務

作　　者 — 顏士程

發 行 人 — 楊榮川

總 經 理 — 楊士清

總 編 輯 — 楊秀麗

副總編輯 — 黃文瓊

責任編輯 — 李敏華

封面設計 — 姚孝慈

出 版 者 — 五南圖書出版股份有限公司

地　　址：106臺北市大安區和平東路二段339號4樓

電　　話：(02)2705-5066　　傳　　真：(02)2706-6100

網　　址：https://www.wunan.com.tw

電子郵件：wunan@wunan.com.tw

劃撥帳號：01068953

戶　　名：五南圖書出版股份有限公司

法律顧問　林勝安律師事務所　林勝安律師

出版日期　2022年9月初版一刷

定　　價　新臺幣320元